流動學習與世界公民教育叢書（三）

# 活用 VR 探全球
## 虛擬實境 x 社區考察

黃幹知、陳國邦、吳思朗　編著

策馬文創 RIDING 策馬出版

BGCA
香港小童群益會 出品
The Boys' & Girls' Clubs Association of Hong Kong

# 活用 VR 探全球：虛擬實境 x 社區考察

| | | |
|---|---|---|
| 出　　品 | 香港小童群益會 |
| 編　　著 | 黃幹知、陳國邦、吳思朗 |
| 圖文支援 | 黃裕欣、周皓霆、郭凱達、陳楚豐、周潔貞、胡卓研 |
| 責任編輯 | 謝偉強 |
| 封面設計 | 飯氣攻心 |
| 封面圖片 | shutterstock, freepik |
| 出　　版 | 策馬文創有限公司 |
| 電　　話 | (852) 9435 7207 |
| 傳　　真 | (852) 3010 8434 |
| 電　　郵 | ridingcc@gmail.com |
| 出版日期 | 2018 年 9 月初版 |
| 發　　行 | 香港聯合書刊物流有限公司 |
| | 香港新界大埔汀麗路 36 號中華商務印刷大廈 3 字樓 |
| 承　　印 | 陽光（彩美）印刷有限公司 |
| 國際書號 | 978-988-13348-9-3 |
| 圖書分類 | （1）教育　　（2）社會工作 |

商標聲明

本書所提及的境內外公司產品、商標名稱、網站或程式之畫面與圖片，其權利
屬該公司或作者所有，本書僅作介紹及教育之用，絕無侵權意圖，特此聲明。

流動學習與世界公民教育叢書（三）

# 活用VR探全球
## 虛擬實境 x 社區考察

黃幹知、陳國邦、吳思朗
編著

BGCA
香港小童群益會
The Boys' & Girls' Clubs Association of Hong Kong　出品

# 目錄

## 理論篇

### 第一章 擴增實境和虛擬實境

# 流動學習與世界公民教育資源及實踐中心

## 服務對象

- 中小學教師（以任教生活與社會科、通識教育科、常識科或其他個人、社會及人文教育學習領域科目為主，其他科目以至全校教師亦可）
- 青少年服務前線社工
- 宗教團體、社區教育或文化工作者
- 非政府機構的隊長、主任及管理人員

## 專業培訓工作坊

可因應前線同工的工作需要，彈性選擇或組合以下的工作坊，費用另議：

| | 主題 | 建議時數 | 內容 |
|---|---|---|---|
| 社區系列 | F1：社區考察初階 | 1.5 小時 | • 社區踏查初體驗：三寶與五感 |
| | F2：社區考察進階 | 2-3 小時 | • 社區踏查及考察路線與任務的設計技巧 |
| | F3：電子考察初階 | 1.5 小時 | • 體驗以流動電子工具來考察社區 |
| | F4：電子考察進階 | 3 小時 | • 電子考察工具之應用及設置技巧 |
| 反思系列 | R1：互動做講座 | 1.5 小時 | • 以流動電子工具在講座中製造互動及協同學習的樂趣 |
| | R2：相片中的反思 | 3 小時 | • 運用拍攝在社區考察前、中、後進行的 10 個反思活動 |
| | R3：電子反思進階 | 3 小時 | • 以流動電子工具帶領反思及深化主題<br>• 不同流動電子工具之應用及設置技巧 |
| 模擬系列 | V1：VR 初階應用 | 1.5 小時 | • 虛擬實景（Virtual Reality）之體驗及學與教應用 |
| | V2：VR 進階應用 | 1.5 小時 | • VR 360 旅程拍攝製作工作坊 |
| | V3：VR 直播體驗 | 3 小時 | • VR 360 直播的體驗<br>• 學與教策略的設計 |
| | V4：Soci Game 設計技巧 | 3-6 小時 | • 社會處境模擬遊戲（主題：長者或公平貿易）體驗<br>• 模擬遊戲的設計、帶領及反思 |
| 管理 | M1：活用 Apps 帶團隊 | 3-6 小時 | • 職員會議、退修、策劃檢討及設計思考的引導討論工具<br>• 線上溝通、雲端協作及知識管理平台 |

流 動 電 子 學 習　　　社 區 考 察

### 校本課程協作會議

- 到校商討及度身訂造以流動電子工具進行社區考察的學與教方案
- 按個別校情，優化現行學與教策略方針

### 我們的經驗

- 編撰超過 40 份不同社會議題的考察路線、教案及教材
- 與教育局課程發展處合辦超過 40 場專業發展工作坊，曾培訓超過 1000 位不同學科的教師
- 與超過 30 間中學進行校本課程協作、諮詢或度身訂造教師專業發展日
- 曾培訓多間機構不同服務的社工及青年工作者，包括：社總、社聯、香港樂施會、浸信會愛群社會服務處、鼓掌創你程計劃、澳門基督教青年會、澳門聖公會等

### 查詢

電話：6336 3835
電郵：LifeSociety@bgca.org.hk

 流動學習與世界公民教育
mLearnGCE

facebook.com/mLearnGCE

專業同工培訓申請表

goo.gl/1HWAzq

# 總序

　　自 2015 年開始，叢書的編輯團隊（下稱「筆者」）便已經在全港的中小學、青少年中心，以流動電子學習及社區考察的經驗學習手法推動世界公民教育。筆者的實務經驗，除了服務社區中的兒童及青少年外，還會開展教師及社工的專業培訓、校本支援及觀課等。過程中，筆者也回顧了中外的相關文獻，並整理及應用有關的理論知識於實務上。這套叢書，可說是總結了筆者在推動流動學習的第一步足印。

　　本叢書的重點在於如何通過流動電子裝置的科技（**T**echnology），促進工作員以小組協作進行社區考察的探究式情境學習法來建構知識（**P**edagogy），從而與參加者共同建構世界公民教育的學習內容（**C**ontent）。綜合以上三個元素的關係，本叢書會探討以下幾個重要的議題：

（一）以社區考察來推動世界公民教育為何重要？如何綜合已有的知識，在考察經驗中建構新的知識並把它應用在其他情境上？（PCK）

（二）流動電子工具如何更有效推動世界公民教育？（TCK）

（三）流動電子工具如何促進學習達到適時適用？流動學習又如何更有效支援社區考察的手法？（TPK）

（四）以流動電子工具進行社區考察及探究式學習，對轉化世界公民的知識、價值觀和技巧各有何優勢？（TPACK）

　　上述議題乃基於 Mishra & Koehler（2006）所建構的框架而提出。今時今日，作為教育工作者，必須具備多種不同範疇的知識，才能有效促進參加者的學習。Shulman（1986）提出「教師知識」（teacher's knowledge）的概念，認為教育工作者必須同時掌握教學知識（pedagogical knowledge）及內容知識（content knowledge）。Mishra & Koehler（2006）據此再加入科技知識（technological knowledge）的概念，而發展出「科技－教學－內容知識」（Technological Pedagogical Content Knowledge，簡稱 TPACK）的模式，並以既重疊又獨立的范氏圈（Venn Diagram）來展示教育工作者須掌握不同面向的知識：

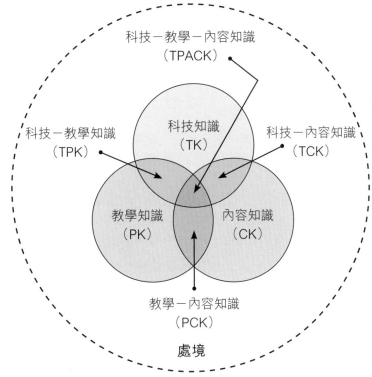

來源：獲原創者同意轉載，©2012，tpack.org

　　根據 Shulman（1986）及 Mishra & Koehler（2006）的綜合模式，套用在以流動學習、社區考察去推動世界公民教育的範疇上，各類知識元素及其在本叢書的定位如下：

| 知識類別 | 定義 | 叢書理論章節 |
|---|---|---|
| 科技知識<br>（TK） | 基本科技（如書本、白板）<br>進階科技（如上網、硬件、軟件） | 一冊（1）流動學習與電子學習<br>三冊（3）虛擬實境的硬件與軟件 |
| 教學知識<br>（PK） | 以甚麼學與教的方法來達到學習目標 | 二冊（2）學習理論的三大支柱 |
| 內容知識<br>（CK） | 參加者學習的具體內容，如概念、理論或事實 | 二冊（1）世界公民教育的知識內容 |
| 教學－內容知識<br>（PCK） | 最適切帶出學習內容的學與教手法 | 二冊（3）實地社區考察：理論與實踐 |
| 科技－內容知識<br>（TCK） | 應用新科技如何帶出或改變學習內容 | 二冊（3）實地社區考察：理論與實踐 |

| 知識類別 | 定義 | 叢書理論章節 |
| --- | --- | --- |
| 科技－教學知識（TPK） | 不同科技的能力及組件如何應用於學與教的場景並改變教學手法 | 一冊（2）流動電子工具與學習環境之管理；（3）教育性應用程式<br>三冊（2）虛擬實境與教育 |
| 科技－教學－內容知識（TPACK） | 如何以科技主導學與教策略來建構學習內容；科技如何解決學習者的困難，並把困難的概念變得更容易；如何利用科技去擴充及強化學習者已有的知識 | 一冊（4）反思工具——善用流動電子學習的評估<br>二冊（4）十八區電子社區考察路線 |

第一冊主要探討科技（**T**echnology）和教學（**P**edagogy），以及兩者之間的關係；至於內容（**C**ontent），亦即世界公民教育與前兩者的關係，則留待第二冊中探討。

流動電子學習過去的發展主要是在教育界，而本書回顧的文獻亦是立足於教育界，並以教師為對象。本書介紹的活動適合不同場景的兒童及青少年，包括正規的教育場景如學校，也包括任何的非正規教育場景如青少年中心、社區組織、宗教團體等。因此，本書對任何有意推廣世界公民教育、社區教育或社會科學教育的社工、教師、組織者、社區教育工作者等都有參考價值。為方便閱讀起見，本書把文獻中的教師（teacher）、導師（instructor）等，統一為「工作員」（facilitator），泛指設計及帶領活動的主持人，亦即上文所指的「教育工作者」，至於文獻中的學習者（learner）、學生（student）、用家（user）等，則統一為「參加者」（participant），泛指參與活動的受眾或小組組員。「活動程序」則指一切形式的「結構活動」（structured activities），乃指經精心規劃來達到特定目標或帶出某個主題的手段。

黃幹知、陳國邦、吳思朗
2018 年夏

## 參考資料

Mishra, P., & Koehler, M. J. (2006). Technological pedagogical content knowledge: A framework for teacher knowledge. *Teachers College Record, 108* (6), 1017–1054.

Shulman, L. S. (1986). Those who understand: Knowledge growth in teaching. *Educational Researcher, 15* (2), 4–14.

# 推薦序一 / 社區作為方法——全球化教學的在地學習與實踐

　　很多人都有一種錯覺，以為走出課室，跑到社區考察、學習，是一件輕而易舉的事情。在他們的想像之中，那只不過是要找個地點，就地取材，圍繞著一些實際的例子，說說故事，又或者做一些分析而已。他們多數都不會知道——大概也不會明白——這些看似很容易的事情，其實考盡心思，同時也需要很多事先做好的準備工作。

　　在這個意義上，這兩本由黃幹知、陳國邦、吳思朗編著（香港小童群益會出品）的《活用Apps 探全球：18 區考察路線》及《活用 VR 探全球：虛擬實境 x 社區考察》為我們提供了學習上的方便。我了解此乃「流動學習與世界公民教育叢書」的第二、三冊，承接之前已出版的《活用 Apps 帶討論：反思活動 40 個》的努力，繼續從旁協助我們如何通過考察來進行學習。

　　編者們為我們在全港 18 區各區內設計了考察路線，再加上流動學習工具及最新的 VR 科技的配合，幫助我們從身邊的事物出發，由一些大家都熟悉但又往往因此而忽視的例子（如在旺角區考察光污染，再而反思都市化、各類污染的問題，又或者跑進超級市場，通過食物標籤而分析全球化底下食物分工、公平貿易等概念），進行考察，甚至與全球各地比較，然後整理觀察、作出反思和批判思考。

　　這套書不單是幫助我們進行考察的工具書，而且在處理不同課題時，也帶出了全球化就在身邊的信息。我們既可通過生活中活生生的例子來分析與思考全球化，同時又可以透過全球化的概念來了解自己的生活與相關的經驗。由屋邨街市到家中的雪櫃，都可以是觀察的對象。

　　而社區考察作為方法正好幫助我們將生活聯繫到學習，也將學習結合日常生活。所謂全球化，就不再是抽象的概念，而是在我們身邊發生的事情。

　　而學習與分析除了是自我充實的過程之外，同樣重要的是提醒自己究竟對社會、世界有何角色。這本書的另一重要信息是「全球視野，在地行動」。如何在分析與反思之後，回到我們的日常生活，並且尋求改變的可能性。如果沒有思考如何在生活上回應全球議題的一環，則整個學習與知識創新的過程，尚未圓滿。思考與分析最終要回到實踐。

**呂大樂教授**
**香港教育大學副校長（研究與發展）**

# 推薦序二 / 社區學習開步走——一位社會學爸爸的體會

　　兩年前我家老三剛滿 12 歲，按一般情況要升中一，但我們覺得他各方面都未夠成熟，欠缺自理能力，更嚴重缺乏對本地社區的認識。於是我們豁出去，和其他五個家庭連結起來，一起組織了類似外國 gapyear 的「優學體驗」活動（Facebook：優學體驗年 GapExplorer）。一年間，我們邀請了一位有豐富青少年工作經驗的社工，當孩子們的生命導師，統籌活動，帶著他們上山下鄉，走遍十八區的大街小巷，更在長洲、大澳進行歷時十天的蹲點式實地考察。一年下來，我們覺得老三的自信心大增，能夠照顧自己，亦已習慣小組協作學習模式。第二年，我們就讓他回到原來考進的中學，升讀中一。

　　回校之後，發覺他適應得非常好，不過總是覺得一般主流學校，以課堂學習為主，戶外體驗式學習倒是比較缺乏，一年頂多只有一次。但我回心一想，我們在計劃優學體驗的時候，是花了多少時間、多少心力才能成事？要學校的老師，在沉重的課擔之餘，還要抽時間計劃一些既能讓同學親身體驗，亦能有具體學習效果的活動，確實是有點強人所難。

　　不過，拜讀了黃幹知、陳國邦、吳思朗三位編著的《活用 Apps 探全球》之後，就重燃了希望。他們在書中為老師和同學，準備了十八區公民教育的考察路線，如在旺角西洋菜街探討光污染，和在深水埗鴨寮街體驗垃圾與回收的問題。只要老師能按圖索驥，按著本書的指示來進行活動及 debriefing 就可以了。如果當年我們也有這本「寶典」，就不用枉花這麼多時間了。現在學校如果有興趣籌辦戶外體驗學習，也能夠事半功倍，對老師來說真的是幫了大忙。

　　第二冊書不但非常實用，而且在理論篇中，三位亦將體驗式學習的來龍去脈，解釋得非常詳盡。他們首先從「建構式學習」的三大支柱出發，然後將實地社區考察的理論與實踐，說明一番。我尤其欣賞他們對「社區學校化」所作的努力。他們所構築的社區考察，不但只是本土，而且能讓同學在立足本地之餘更能放眼世界，做到培養世界公民的目標。第三冊《活用 VR 探全球：虛擬實境 x 社區考察》，更進一步將虛擬實境技術配合社區考察，互相補足，令同學可恍如置身海外現場，與本地社區互相比較。

　　本書另一值得欣賞的要點，就是流動學習的概念，以及介紹虛擬實境的製作和應用。將社區體驗與 STEM 教育連結起來，活用流動電子學習工具及各式軟件，來培養高階思維。

　　我相信這兩本書可以成為，初中公民教育、綜合人文及生活與社會各科的重要資源。甚至在高中通識教育科，它亦可以引領學生，走出課室，認識社區，全方位地進行議題探究。

趙永佳教授

香港教育大學社會科學系社會學講座教授及

香港研究學院聯席總監

# 推薦序三 / 邁向賦權增能的世界公民教育

　　我於 2015 年 7 月帶領研究生至港澳進行移地學習，有幸在香港教育大學聆聽陳國邦先生的演講，他報告香港小童群益會如何連結學校與社區進行服務學習計劃的理念及實例，當時聽了驚艷不已！一個以促進兒童及青少年身心發展、權利與福祉為宗旨的社會機構，所做的服務事工，如此專業又進步，甚至比許多學校及教師更能掌握服務學習的精髓。國邦也跟我分享我在社會行動取向課程的相關論著對他的社區教育實踐有所啟發，這讓我的心怦動一下。在台灣會跟我分享這方面理念與經驗的多半是中小學校長與教師，因為我常年透過專案研究計劃與中小學協作學校本位課程方案，著重連結社區各類資源，育成學生的敏覺、探究與改造行動。我也認識幾位從事兒童及青少年社福工作的核心人物，但並未聽聞他們把公民教育涵納在他們的事工中，沒想到香港的社福朋友如此有前瞻思維與行動力。

　　2016 年末當我展讀他們寄來的書稿後，對於小童群益會的團隊運用 TPACK 的理念，結合「科技知識－教學知識－內容知識」（Technology—Pedagogy—Content），帶領兒童及青少年向社區、向世界學習探究的理念與作法，深表敬佩。其中，第二冊所規劃的十八區主題路線學與教示例，尤其讓我傾心。透過香港在地的情境，規劃學習路線，善用流動學習科技，引導學生即時且深入地探討兒童權利、動物權益、責任消費、社區相融、都市更新、永續發展……等各類全球議題與普世價值。香港小童群益會這樣與時俱進及善用科技的手法，顯現與所服務的兒童與青少年走在同一個時代！對於學習主題的選擇與在地情境的設定，展現涵育兒童與青少年成為世界公民的胸懷。

　　這三本書不僅僅是如何教育兒童與青少年成為世界公民的工具書而已，更令人激賞的是蘊含於書中對兒童及青少年賦權增能（empower）的深刻意向，包括善用數位科技、全球思維、在地關懷、主動探究與改革實踐力等新世代面向未來的關鍵能力。

陳麗華教授

淡江大學課程與教學研究所所長

# 推薦序四 / 適時適用新科技　探索社區洞悉全球

　　隨著科技技術的快速發展，全球生態、經濟、社會、政治和文化正在不斷融合，使得個體與世界的聯繫越來越緊密。在全球化背景下，讓兒童和青少年了解和關心社會邊緣團體、多元宗教、不同民族、文明等世界公民議題變得越來越重要。如何引發兒童和青少年對這些議題的興趣，有效地推動世界公民教育，是很多社會工作者和教育工作者在實務中面臨的困難。流動學習與世界公民教育叢書（下稱「叢書」）的出版，為相關工作者提供了很好的經驗和指導。與傳統的教育方式不同，叢書以科技—教學—內容知識（Technological Pedagogical Content Knowledge，簡稱 TPACK）模式為理論基礎，著重通過流動電子的裝置和科技知識，以社區考察的探究式情境學習方式引導參加者學習世界公民教育，增強了學習過程的互動性、靈活性和趣味性。

　　對於實務工作者而言，最希望看到一本書既言之有理，又言之有物。但是講述專業知識的書籍往往過於偏重理論而讓工作者無從下手，而實務操作手冊又容易缺乏理論基礎，使工作者只知其然，不知其所以然。叢書很好地將理論知識與實務操作結合在一起，三冊書的編排都包括理論篇和實務篇，讓工作者既可以從理論層面理解甚麼是流動學習和世界公民教育，又可以從實務層面學到如何將知識轉化為應用。叢書在實務部分的介紹非常詳實，尤其是書中介紹的 40 個電子反思及討論工具，工作者通過文字就可以輕鬆理解和掌握相關的工具和技術，方便加插到活動設計中。

　　當然，使用流動電子設備和應用程式開展工作也不是萬能。叢書的編者非常用心，甚至幫工作者考慮到了使用時可能出現的問題及解決方式，同時也強調流動電子學習的方法不應該取代所有活動，而是應該「適時適用」。因此，按照叢書中的提示和指導，工作者可以根據需要，在適當時候使用適當科技進行恰當的介入。

　　科學技術的發展不僅在改變我們的生活，也應該改變我們認識生活的方式。正確有效地利用新的科學技術可以幫助我們更好地探索和了解世界及我們生活的社區。在此，將叢書推薦給致力於推動世界公民教育和社區教育的實務工作者，也衷心希望更多的兒童和青少年能夠成長為有責任心的世界公民。

倪錫欽教授

香港中文大學社會工作學系系主任

# 推薦序五 / 走出教室進行一場思行並重的流動教學實踐

十多年前，課改初期，國邦和香港小童群益會的幾位同事，特意入大學造訪，希望我能就他們為學生設計的學習活動提意見。傾談之下，極欣賞他們的誠意及意念，就是帶領學生走進社區作專題研習及考察，培育關愛之心，服務社區大眾。以非學校教育為專業的社會工作者，能有此信念及行動，非常難得。

近日，國邦傳來他與幹知、思朗編寫的流動學習與世界公民教育叢書，並邀約寫序，我欣然應允。在閱讀叢書時，眼前一亮，令人驚喜。

叢書分三冊：第一冊介紹活用電子應用程式帶活動，並附反思活動 40 個。社工同事設計的活動，非常專業，無可置疑，但本書引用學習理論、教育心理學來解釋近年流行的創新教學活動，如：流動學習、電子學習、自主學習等，所引述文獻亦恰當，可見是下過一番苦功，令活動的作用及效果有較結實的理論基礎支持，我特別推薦給教師們好好閱讀及學習。

理論固然重要，進行活動再分析、檢視及反思後，再進一步轉化、優化，才能持續應用，才能令學生長遠得益。無論是教師、社工或其他持份者，在帶領這些活動時，都應常記著以受眾為本和易地而處，既然學生有差異，自不能只得一套統一標準的活動及做法，此就是優秀專業所在。

此外，如何把多個活動組合，變得有層次，有覆蓋，即在深度和廣度上，能涵蓋學習目標，是要讀者們繼續努力和探索的。

第二冊和第三冊則分享活用流動學習工具作社區考察，有全港十八區的主題及路線作學與教，此類「貼地式」、「走出教室式」學習，必然是未來學習的趨勢，尤其是資訊科技如此發達，手機已經能夠通過虛擬實境（VR）考察全球各地，甚至在專題研習展示成果，令學習變到無界限、不受空間和時間所規範，大大開闊學生視野。

我誠意向教育界的持份者推薦此叢書。

**趙志成教授**
**香港教育大學教育政策與領導學系教授**

# 推薦序六 / 在資訊科技世代中培育學習型公民

「流動裝置」（mobile device）如智能手機，已成為我們生活中一個重要的工具。年青的一代更已將這些裝置的使用完美地「植入」於他們的社交生活圈之中，是他們不可或缺的一環。從教育專業的角度看，假若我們不想強行讓「學習」在他們的日常生活中切割出來，我們便應在學校課堂及活動中明智地運用這些流行的「流動裝置」，以促進他們有效學習，認識今日世界，思考將來。

有人或許會懷疑，「這些新穎的電子科技絕對不能替代傳統的教學法。」我想，傳統而多元的教學法和專業智慧的確是不可取代的，但兩者是可以互補互惠的。從務實的角度看，這些裝置的功能和所衍生出的應用程式（Apps）誠然能在課堂教學中起增潤作用，其「軟實力」不可小覷。它們有三種「軟實力」：

## 一、強化教學造詣（Teaching Repertoire）

這些「流動學習」策略大大拓寬教育工作者在教學法上的造詣，若運用得宜，它們可縮短「學」與「教」的距離，在學習過程中亦可提供優質而適時回饋（timely feedback），促進學習上的評估。

## 二、改變學生對學習的觀感

良好的「流動學習」策略亦是可以改變年青一代對學習的概念（conceptions of learning），切身體驗「時時學、處處學」的真義，例如：

- 「學習」原來是自己生活的一個重要「組件」（parts of my life）
- 「學習」原來可以「跨情境」（across multiple contexts）
- 「學習」原來可以這般「非正式」（informal）
- 「學習」原來是需要強度的聯繫（high connectivity）

這些概念上的改變將會正面地影響他們終身學習的角色；在他們學習生涯中，既打破「正規學習」與「非正規學習」的藩籬，亦持續增強學習的內在誘因；在社區層面上，增強人與人互信（social trust）和在學習上「互賴感」（sense of inter-dependence），孕育「學習型社會」的共同文化。

## 三、催化反思

反思能力是學校相關學科、德育及公民教育的核心。良好的反思應具備「向後望」的思考，包括總結經驗，自我了解，以及「向前望」的視角（如怎樣繼續學習和改善等），這些思考過程是可透過「流動裝置」電子工具的輔助下有效地進行的。換言之，當「流動裝置」遇上「反思活動」時，學生的反思素質也可提升，一切會變得「生活化」（「去作業化」）。

香港小童群益會的「流動學習與世界公民教育叢書」中的《活用 Apps 帶討論：反思活動 40 個》、《活用 Apps 探全球：18 區考察路線》和《活用 Apps 探全球：虛擬實境 x 社區考察》，不但涵蓋以上三種流動學習的「軟實力」，亦配合教育局的「第四個資訊科技教育策略」和「全方位學習」的方向，在資訊科技世代中，發展學生成為放眼社區、國家和世界及樂於反思的學習型公民。

葉蔭榮博士
香港教育大學課程與教學學系高級專任導師
前香港特區政府教育局課程發展處總監

# 推薦序七 / 全球化，不再遙遠！

我一直有一個想法：如何讓年青人在生活中看見全球化與自己息息相關？

在一間文藝咖啡店，點了一杯肯雅咖啡時，能連繫到非洲農夫從售價中收到多少收入？又或，當我們食用來自東南亞的米時，能連繫到東南亞農如何受到氣候變化的影響？

當通識科納入高中課程時，很多老師面對不少難題，其中之一是不容易引起同學的學習動機，尤其是涉及一些國際議題，同學覺得離身、跟他們的生活無關。

樂施會作為一個國際扶貧組織，推動世界公民教育多年，以喚起年青人對貧窮及可持續發展議題的關注及行動。幾年前，我們推出過了《全球化—通識教學小冊子》，透過引用與日常生活息息相關的個案，與老師從五個富爭議性的議題入手教學；同時，樂施會互動教育中心亦採用了戲劇教育的手法，設計了以經濟全球化為主題的互動劇場，和同學一起探討全球化下發展中國家人民的處境，以及跟自身的關係。

過去幾年，科技日新月異，智能手機日漸普及，VR（virtual reality）和 AR（augmented reality）的技術也在急速發展，對於教育工作者包括老師、社工、非政府組織的工作者，確實提供新的潛在機會，讓學生的學習體驗有更多的可能性。

起初，我跟很多老師一樣，面對新科技也是無從入手。認識香港小童群益會這個團隊很久，知道他們正努力集結在這方面走得較前的學校的嘗試及經驗，於是半年前邀請了本系列作者之一的知 Sir 為我的同事作示範，了解坊間有甚麼流動應用程式適合放在學習應用上，以及如何應用到活動等，總算打開這一扇新科技的門。

從那次示範中，我有兩點觀察：（一）原來坊間已有一批流動應用程式可用，運用起來也不算複雜，亦加強了學生之間的互動及學生學習的趣味性；（二）見到跳出課室甚至本地的可能性，透過 VR 和 AR，學習的空間大幅伸延，例如同學可以 360 度置身於難民營中，體會難民艱難的處境。這些，都有助增強學生的學習動機和同理心。

很高興受邀寫序，第一冊綜合目前坊間最常用的流動應用程式，實在是很好的入門，教育工作者不用再無所適從，不知從可入手；第二冊將會具體展示如何應用到社區學習設計中，這些示例必定能啟發教育工作者設計更多有趣的電子學習活動。我那個一直想著有關生活中看見全球化的的構想，不再是天馬行空的空談。

新科技能有助打開學習全球化的大門，拉近了我們與世界之間的距離。不過，使用時也要小心，不要讓同學們只有接觸新科技時帶來的即時快感。能反思事件跟自己的關係，以及能夠具批判思考問題，並作出改變，才能成為世界公民。

樂施會「無窮校園」網頁：http://cyberschool.oxfam.org.hk

蘇培健先生
樂施會教育經理

# 序

因著現代通訊的進步、資訊科技發展及交通的便利，人與人的連繫變得緊密而迅捷。近年世界各地人們緊密來往，猶如生活在同一村落，短短十多年，「全球化」改變了人們接觸世界的方法，更改變了人們的生活方式，同時亦引發了不少新現象和新問題。

如何裝備青少年應對全球化帶來的變化，實在是教育工作者、社會工作者及青年工作者的迫切使命。而 2017 年聯合國教科文組織（UNESCO）發表的 2030 全球教育願景，提出十七個可持續發展教育的目標（Education for Sustainable Development Goals），正是朝著世界公民教育的發展方向。

本會公民參與實務網絡的同工，數年前亦開展了世界公民教育在本土的探索。同工結合流動學習工具的運用，發展了十多條相關議題的社區考察路線，令青少年在考察及繼後之反思中，學懂關顧不同人和不同物種，在當下與未來的福祉，進而建立全球視野。這種種有助青少年思考如何在生活中實踐，以行動為全球帶來改變。

得到眾多老師及青年工作者試用及回饋，本會把這些經驗整理成「流動學習與世界公民教育叢書」。首冊《活用 Apps 帶討論》集中介紹不同的流動學習工具，及如何以此帶領討論及反思；第二冊《活 Apps 探全球》則在全港十八區，各介紹一條考察路線；至於本冊第三冊《活用 VR 探全球》，提供虛擬實境（VR）材料及製作方法，令考察能突破地域限制，更豐富青少年視野和反思角度。我們期待透過叢書在流動學習及世界公民教育的領域上集思廣益，為全球的未來以及青少年的未來而共同努力。

在此特別感謝為叢書評閱及撰序的學者及青年工作同儕，分別是呂大樂教授、趙永佳教授、陳麗華教授、倪錫欽教授、趙志成教授、葉蔭榮博士、蘇培健先生、李浩然老師。他們都是流動學習及/ 或世界公民教育領域上的專家，得到他們贈言，實令叢書生色不少！此外，更要感謝過去多年曾與本計劃合作的民間團體，包括：香港樂施會、智樂兒童遊樂協會、關注草根生活聯盟、WeDo Global 愛同行等，他們的專業知識和經驗，大大深化了本書的虛擬考察活動！

陳健雄

香港小童群益會　總幹事

# 本書使用說明

　　叢書結集了編者在這幾年間，以社區為學習處境、流動學習程式為應用工具、世界公民教育為內容框架，進行 20 多場教師專業培訓、校本課程協作的經驗，期望能與更多老師、青年工作者、社區教育工作者、文化工作者等交流！

　　第一冊介紹 40 個以流動學習工具進行的反思活動，當中採用 10 多個免費的應用程式，很多都已在教育界應用；亦會提及流動電子工具及學習環境的管理等實務智慧，希望能為大家開展活動時，提供更多的參考，減省技術細節的困擾。

　　第二冊側重世界公民教育及實地考察的理論與實務，在全港 18 區呈現不同教學主題的考察路線。不同路線固然有其社區特色，讀者也可輕易在身處的社區，找到相近的場景和學習點子，帶領考察、導賞及探究活動（見本冊附錄）。

　　第三冊探討如何在世界公民教育中應用近年盛行的虛擬實景（VR）和擴增實景（AR），參加者除了打破時空界限，環顧世界各地的相關景點來延伸第二冊的實地考察經驗外，更可關注及投入社區中，拍攝及構建不同的 VR 及 AR 教件，體驗探究性及倡議性的專題研習。

　　最後，本團隊在各書冊中的理論篇，都先後以文獻回顧來整理流動學習、實地與虛擬社區考察和世界公民教育等概念，亦希望大家細意閱讀，萬勿錯過！

## 理論篇：電子應用程式
以工作員帶領考察前、中、後三個階段作結構，來說明應用程式的點子

### ▶ 設置步驟
- 設置步驟：逐步說明在管理帳戶中的設置，輔以螢幕截圖，讀者宜同時參考程式網站的更新
- 注意事項：分享在設置時的經驗，輔以設置步驟的短片及有用連結

▶ **講解技巧**

- 工作員可參考當中的步驟，來講解及帶領活動，宜因應參加者能力及學習差異來調整

**實務篇：19 條考察前後之 VR 路線**

在考察第二冊《活用 Apps 探全球》中 18 區路線的前或後，可進行的延伸 AR 或 VR 活動。標題旁的標誌，說明每條路線對應聯合國教科文組織 2030 教育願景中哪一個可持續教育目標。

▶ **執行須知**

**時間**：按過往經驗需時多少，包括講解、帶領及反思的時間，工作員可按需要來調節節奏

**裝置**：建議參加者手上的裝置（如：手機或平板）、規格、所需程式等

▶ **準備**

- 應用程式：說明所用的 Apps；

- 設置步驟：簡單說明設置步驟，詳細內容見本冊理論篇第 3 章；

▶ **觀察內容及要點**

- 以截圖顯示全景相片或影片；

- 工作員可按引導要點，在導賞時提醒參加者要觀察的人、事、地或物；

- 附上相片旅程或影片之連結 QR，參加者可以直接用手機掃描及打開；

## ▶ 應用示例：主題及討論技巧

- 説明在考察前或後哪一階段適用；

- 引導討論及反思的問題例子，以第一冊《活用 Apps 帶討論》中提及的 Bloom 的學習目標作框架，讀者宜因時制宜，靈活調節。

## ▶ 變奏或其他選擇

- 提供其他合宜的影片供選用

本書是「流動學習與世界公民教育叢書」的第三本。為減少重複，讀者宜參考不同書中的篇章，靈活運用，融會貫通：

R.《活用 Apps 帶討論》

F.《活用 Apps 探全球》

V.《活用 VR 探全球》

### Facebook 專頁

我們會定期於 Facebook 專頁更新一些流動學習或世界公民教育的點子、程式的更新、帶領活動的示範片段、VR 影片連結等，亦歡迎大家把回應和心得在網上延續討論，發揮流動學習的精神。

流動學習與世界公民教育
mLearnGCE

facebook.com/mLearnGCE

# 理論篇

# 1. 擴增實境和虛擬實境

## 1.1 混合實境的分類

混合實境（Mixed Reality, MR）能同時呈現虛擬和現實世界的物件（Milgram Takemura, Utsumi, & Kishino, 1994），並再分為：

● 擴增實境（Augmented Reality, AR）：是現實和虛擬的結合，在流動裝置中可以看見虛擬物件或資訊添加到現實環境中，感覺比較真實：

■ 輕度擴增實境（Lightly AR）：使用大量現實世界中的資訊和材料，如：Pokemon Go 或 IKEA Place；

圖片來源：Play Store（左）、IKEA Place（右）

■ 重度擴增實境（Heavily AR）：現實中展示大量的虛擬資訊，如：一些展示地形的 AR Terrain 程式；

圖片來源：Play Store

● 擴增虛擬（Augmented Virtuality, AV）：將現實的元素添加到虛擬環境中，即把實物投射到虛擬環境上，如：主播走進虛擬新聞演播室並展示不同的圖表、XBox's Kinect 等；

圖片來源：Play Store

● 虛擬實境（Virtual Reality, VR）：模仿及模擬現實世界的所有物件，用戶可以與虛擬物件互動，如：Co-spaces 及其他的 VR 遊戲，或玩 Play Station 時使用 PS VR 頭戴裝置。

　　AR 與 VR 最大不同之處，在於擴增實境容許用戶看著真實世界的同時也看到虛擬分層影像（Churchill, Lu, Chiu, & Fox, 2016）。以下光譜整合了 Milgram et al.（1994）及 Benford, Greenhalgh, Reynard, Brown, & Koleva（1998）提出的框架：

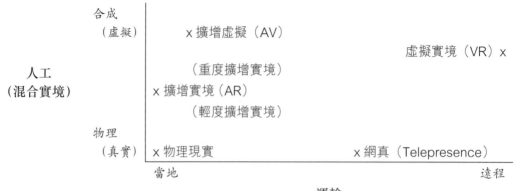

## 1.2 擴增實境與教育

### 1.2.1 定義

　　擴增實境是一種二維（2D）或三維（3D）的互動科技，可即時融合現實和數碼世界。當用流動裝置掃描現實世界的標記（marker），如：一個位置、物件或活動，便能把電腦產生的數碼素材或詳細資訊（例如：文字、圖片、圖像、音頻、動畫或影片）分層投射（layer）在標記上，同時融入個人的感知中，豐富用戶對現實世界的理解，並隨時隨地提供身臨其境的體驗（Yuen, Yaoyuneyong, & Johnson, 2011; Cuendet, Bonnard, Do-Lenh, & Dillenbourg, 2013; Wu, Lee, Chang, & Liang, 2013; Uluyol & Şahin, 2016），例如：手機鏡頭拍下一幢古蹟，AR 應用程式可即時把相關的資訊疊加在畫面上。它所強調的不是要取代現實空間，而是在現實空間中添加一個虛擬物件。

　　Azuma（1997）及 Zhou, Duh, & Billinghurst（2008）定義 AR 的三個主要特徵：

1. 真實世界與數碼物件結合

2. 即時互動

3. 疊加的資訊與現實世界相關

　　以 Pokemon Go 為例，用戶在指定地點（與現實世界相關），啟動手機相機功能便可以看見精靈（真實與數碼物件結合），並在現場用精靈球去捉精靈（即時互動）。

AR 組成的四個元素（Uluyol & Şahin, 2016）：

1. 真實位置或物件（marker）

2. 顯示屏（如：電腦、流動裝置或頭戴式顯示器）

3. 連接網絡或數據

4. 支援 AR 軟件或應用程式（如：ARToolKit、Wikitude 或 LayAR）

## 1.2.2 在教育中應用 AR 技術

近年，愈來愈多教育工作者應用 AR 科技，因為大部份流動裝置，如：手機、平板等大都已配備上述的 AR 組成元素（Wu et al., 2013; Churchill et al., 2016），非常方便。以下是 AR 應用在教育上的一些例子：

● 地理位置為本的學習：工作員可以在特定的地標或地理位置、時段或環境下創建學習環境，而參加者只需在現場開啟流動裝置的 GPS 功能，即可與現實環境互動或觀看資訊，如：以 Skymap 在夜間觀星、以 Pokemon Go 在不同地點找精靈，或以「長洲考察易」程式來了解每年一度的太平清醮及搶包山情況；

● 在 AR 的環境中設計學習任務及自製標記：工作員可以多元的方式，如：3D 物件、圖表、拼圖或動畫，在現實環境中呈現艱深的資訊，如：Aurasma 或 LayAR，讓參加者以趣味方式學習；又或讓參加者在 AR 的環境中與虛擬物件互動，甚至扮演不同角色進行模擬練習，如：參加者用手機拍下古蹟時，可聆聽一段由虛擬歷史人物演繹的動畫分享；

● 以遊戲為本或問題為本的學習：參加者可利用虛擬的環境，調查周遭的世界，從而發掘不同的知識，如：Ingress，能把遊戲內容和真實世界的地理狀況結合，而這個程式會透過手機的 GPS 及 Wifi 去確認玩家的位置，玩家則可以透過遊戲的掃描器看到自身周圍的虛擬物品，在遊戲地圖上收集不同白色亮點，從而認識社區。

## 1.2.3 AR 在教育中的優勢

綜合 Wu et al.（2013）、Churchill et al.（2016）、Uluyol & Şahin（2016）的文獻，

在教育中應用 AR 有以下的學習效果：

- 個人自主學習：參加者以互動、創新的方式學習，並在真實的環境中應用，有助營造多元學習的氣氛，增強學習的動力和信心；

- 社群協作學習：參加者可處身不同的地點觀看資訊，並與團隊溝通，互相分享；

- 情境探究學習：參加者以 3D 視角觀看無形的資訊，以及透過在現實世界中難以獲得的一手體驗學習，如：天文、地理、歷史等，增加他們的存在感、即時性和臨在感，讓正式和非正式的學習更好地接軌。

## 1.2.4 AR 在教育中的限制

綜合學者 Wu et al.（2013）；Uluyol & Şahin（2016）及筆者的實務經驗，AR 的應用有以下的限制：

- 技術

  - 設備故障會影響資訊的穩定性；

  - AR 系統內容並不靈活，例如：只可掃描一式一樣的現實環境或物件，角度稍有不同就不能顯示資訊，而且純粹提供資料，所以較難用作思考性的學習。

- 參加者

  - AR 會展示大量的資訊，令人無法即時吸收；

  - 難以應用及綜合多種複雜的技能。

- 學校

  - 受到學校的流程及結構限制；

  - 老師未有充足準備、欠缺後勤支援，以及無相關課堂管理技巧。

## 1.2.5 設計 AR 實地考察的技巧

Churchill et al.（2016）提供了有關的技巧：

- 連結課程中的學習目標與 AR 經驗；

- 尋找可靈活調整的 AR 軟件，方便工作員因應參加者的需要作出調節；

- 注意 AR 活動的規模和時間長度，應與傳統的學習活動接近及平衡；

- 利用 AR 作為連接視覺、聽覺和觸覺等感官學習的附加學習平台；

- 透過影像辨識去比對攝影機影像與預設圖片，需注意：控制光源，辨識標記的位置、大小和材質；

- 應把 AR 視為指導性探索活動，需要工作員使用智能裝置，並接受參加者在課堂上未必會專心一致；

- 為參加者提供多種的合作機會以及讓他們互相分享 AR 體驗。

# 參考資料

Azuma, R. T. (1997). A survey of augmented reality. *Presence: Teleoperators and Virtual Environments*, *6*(4), 355-385.

Benford, S., Greenhalgh, C., Reynard, G., Brown, C., & Koleva, B. (1998). Understanding and constructing shared spaces with mixed-reality boundaries. *ACM Transactions on Computer-Human Interaction*, *5*(3), 185-223.

Churchill, D., Lu, J., Chiu, T. K. F., & Fox, B. (2016). *Mobile learning design: Theories and application*. Singapore: Springer Science.

Cuendet, S., Bonnard, Q., Do-Lenh, S., & Dillenbourg, P. (2013). Designing augmented reality for the classroom. *Computers & Education*, *68*, 557-569.

Milgram, P., & Kishino, F. (1994). A taxonomy of mixed reality visual displays. *IEICE Trans. Information and Systems. E (Norwalk, Conn.)*, *77-D*(12), 1321-1329.

Milgram, P., Takemura, H., Utsumi, A., & Kishino, F. (1994). Augmented reality: A class of displays on the reality-virtuality continuum. *Proceedings the SPIE: Telemanipulator and Telepresence Technologies*, *2351*, 282-292.

Uluyol, C., & Şahin, S. (2016). Augmented reality: A new direction in education. In D. H. Choi, D. H. Amber, & J. S. Estes (Eds.), *Emerging tools and applications of virtual reality in education* (pp. 239-257). USA: IGI Global.

Wu, H. K., Lee, S. W. Y., Chang, H. Y., & Liang, J. C. (2013). Current status, opportunities and challenges of augmented reality in education. *Computers & Education*, *62*, 41-49.

Yuen, S., Yaoyuneyong, G., & Johnson, L. (2011). Augmented reality: An overview and five directions for AR in education. *Journal of Educational Technology Development and Exchange*, *4*(1), 119-140.

Zhou, F., Duh, H. L., & Billinghurst, M. (2008). Trends in augmented reality teaching, interaction and display: A review of ten years in ISMAR. *Proceedings of the Mixed and Augmented Reality, ISMAR 7th IEE/ACM International Symposium* (pp. 193-202). Cambridge: IEEE.

# 2. 虛擬實境與教育

## 2.1 定義

　　虛擬實境（VR）能讓用戶沉浸於電腦產生的 3D 感官環境中，在特定位置（如：實驗室、社區和其他國家）上與設計者所提供的多媒體互動，從而探索、創造及操縱物件。參加者只需向著不同角度移動頭部，便可動態地控制視角。這科技允許建構具代表性和詳細的現實環境、造型和模擬環境（Crumpton & Harden, 1997; Brooks, 1999; Stevenson, 2001; Merchant, Goetz, Cifuentes, Keeney-Kennicutt, & Davis, 2014; Sala, 2016）。

　　VR 是一個使抽象概念具體化的媒介（Sala, 2016），與建構主義學習不謀而合，而工作員的角色是促進參加者在學習路徑和建構想像上的學習。

### 2.1.1 VR 的三個特性

Rosemblum & Cross（1997）指出 VR 具有以下三大特性：

　　一、**沉浸**：參加者通過以下的輸入和輸出設備，進入逼真的虛擬環境，投入其中，產生恍如身在現場的感覺

　　二、**互動**：在 VR 中，參加者通過以下設備來控制和調查 3D 環境：

■ 輸出設備（視覺、聽覺和觸覺）：為用戶提供了沉浸虛擬環境的錯覺，例如數據手套、頭戴式視覺顯示器（一種將電視屏幕放置在每雙眼睛上的頭盔）、耳筒或多種設備，如：Google Cardboard 或 VR Box，阻隔用戶身處的物理 / 現實世界的聲音或其他的感官刺激，從而使人全面及全神貫注地投入到虛擬的環境。

■ 輸入設備：用戶在虛擬世界中報告位置，發送信號予電腦並轉換為特定指令。本書主要介紹以下頭兩者：

◆ 電腦設備：鍵盤、2D 或 3D 鼠標、指揮棒、筆、輕觸屏幕；

◆體感：透過重力感測器或陀螺儀，以頭戴裝置判斷參加者頭部轉動的動作；

◆控制器：目前主流是採用手持控制器，如：HTC Vive、Oculus Rift、PlayStation VR，來判斷使用者的動作，通常也會有一些按鍵來進行輔助。此外，有一些數據手套用來探測更仔細的手部動作，能更直覺而精確地在虛擬世界中完成各種需求；

◆動態偵測：參加者身穿各種感應器，如：微軟 Kinect 來感應姿勢、移動等更大的動作。

■ 圖案描繪系統產生虛擬場景和虛擬環境；

■ 建立數據庫：以虛擬物件塑造軟件來創建虛擬場景中複雜而福真的模型和影像。

**輸入設備**：電腦設備、體感、控制器、動態偵測

電腦硬件和軟件

數據輸入　　虛擬環境 包含模型　　用戶

**輸出設備**：立體聲和單聲道顯示、頭戴式顯示器、書桌、牆壁、數據手套、聽覺和力量反饋手套等

參考資料：Sala（2016）。

三、交替：虛擬與現實環境的交替光譜（見「1.1 混合實境的分類」）。

## 2.1.2 VR 的四種展示形式

按照參加者使用 VR 的情況，大致可分為四種展示形式：

一、**融入式虛擬實境（Immersive VR）**：參加者的動作經過感官輸出設備（如：擺動頭盔顯示器、移動資料手套等）即時傳送至電腦，電腦會給予畫面和聲音回饋以刺激參加者的感官，讓他投入到虛擬環境中，這是最為互動的裝置；

二、**桌上型虛擬實境（Desktop VR）**：操作時，在桌面電腦搭配鍵盤、滑鼠等設備，若能增設搖桿，又或在平板電腦上用手指滑動，可提升互動性，這是所有類型中最為經濟的形式（如：Facebook 360 影片、Google 街景地圖）；

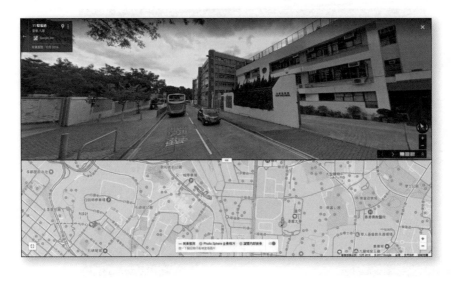

三、**模擬器式虛擬實境**（Simulator VR）：參加者進入一個機器或系統，並完整地模擬特定的操作界面、設備和實際環境（如：飛行員訓練）；

（此圖獲 Creative Commons Attribution-Share Alike 2.0 Generic 授權出版）

四、**投影式虛擬實境**（Projection VR）：使用投影機將虛擬影像投射至四邊的熒幕或牆壁上，而參加者則配戴 3D 立體眼鏡去體驗，效果如觀賞 3D 立體電影般。「投影式」與「融入式」的不同之處，在於「投影式」允許多人同時不用配戴設備觀看，不過設置的成本也較高，一般用於博物館。

本書會集中討論應用「融入式」和「桌上型」虛擬實境作教育的例子。

## 2.2 當虛擬實境遇上實地社區考察

　　虛擬考察的應用十分廣泛,任何時候皆可應用。筆者在第二冊《活用 Apps 探全球》中曾詳細整理余安邦(2002)提出的「社區有教室」及陳麗華、彭增龍(2007)的公民行動取向與實地考察的關係,其實該三個互相緊扣的層面,也與 VR 有密切的關係:

| 余安邦<br>(2002)<br>社區有教室 | 陳麗華、彭增龍<br>(2007)<br>公民行動取向 | VR 應用時機及例子 |
| --- | --- | --- |
| 環顧社區的教育<br>(about) | 覺知與關懷層面:發現議題、關懷現象,情意自然流入,培養公民意識; | ● 導入:先用 VR 去實地考察類近之人、事、物等背景資料,引起關注,並預習觀察項目、前置知識及相關技巧,使在實地考察或訪問街坊時可增強信心,如參加者需訪問印傭,可預先用 VR 觀察印尼的生活和文化,並思考訪問問題的內容,做足準備工夫;又如在實地考察前,可用 VR 練習訪問、演講等技能;<br>● 考察:在有限的課時下,學校老師可預早拍下或找來相關 VR,以替代實地考察。又或在考察時用 VR 拍下現場環境,再在課餘時間以不同框架重複觀察,既可節省時間又能深化學習經歷;<br>● 反思:實地考察後再以 VR 重回現場,強化記憶;考察後加入 VR 考察環節,觀察同一地點在不同時間下的情況,又或觀察世界各地類似設施的優秀例子,以便更全面地評鑑實地觀察的情況。 |
| 關注社區的教育<br>(for) | 探究與增能層面:探究議題,裝備師生解決問題的知能,達致賦權增能的效果; | ● 考察:以 Facebook 或 YouTube 進行 VR 直播訪問,如:全級學生一同訪問一個劏房戶;<br>● 行動:參加者利用 VR 作為研習報告的形式,如:拍下長洲每年一度的太平清醮、面臨拆卸的古蹟、快將消失的文化(如:新年夜市擺賣的小販),然後深入分析街坊的生活及傳統文化承傳,以方便其他班別或學校隨時觀看。 |
| 投入社區的教育<br>(in/through) | 公民行動層面:解決問題,規劃和採取行動去改造社會,具體實踐關懷。 | ● 行動:<br>■ 參加者自行用 VR 拍攝或製作一個理想社區的建議書,例如:用 CoSpaces 搭建一個符合宜居社區標準的公共空間,再向有關當局進行倡議;<br>■ 參加者設計產品時,使用 VR 來評估可用性、用戶的接受度和滿意度,並作出修改。 |

其實，以上三者：社區有教室、公民行動取向、VR 應用，皆可與實地考察互相補足，使世界公民教育更充分地達致「全球視野」和「在地行動」。

## 2.2.1 虛擬考察教件的來源

Kirchen（2011）因應虛擬考察教件的來源分為兩類：

● 預製虛擬考察：在互聯網可用及涵蓋豐富的主題（如：360cities、Google Expeditions、Sites in VR 等）。雖然工作員可方便快捷地使用，但亦有以下的限制：

■ 網站可能會關閉、更改網址、維修或要長時間來下載大量的圖檔；

■ 由於已預早設計好，往往無法裁剪或增刪，這就難以確保滿足參加者的特定需求（內容是否符合興趣能力、能否連接課程目標及裝置的技術要求）。

● 自製虛擬考察：使用各種各樣的軟件或程式（如：YouVisit 或 YouTube）輸入非實時的圖、文、聲、畫，給參加者帶來了遠方景點的導賞。

## 2.2.2 虛擬考察的成效與好處

回顧文獻時，筆者發現 VR 主要應用在工程、科學、醫學等科目的教學中，至於社會科學及通識教育則鮮有觸及（Stuart & Thomas, 1991, Auld & Pantelidis, 1994; Crumpton & Harden, 1997; Kirchen, 2011; Merchant et al., 2014; Morgan, 2015; Clark et al., 2017）。這裏，筆者主要引用第一冊提及「適時適用」中 S.A.M.R. 模式（Puentedura, 2010）的四個層次，來說明虛擬考察的成效：

### 一、替代（Subsitution）

VR 科技只是替代了實地考察，但沒有改變其功能。虛擬考察是另一個替代考察經驗的工具，能解決交通、費用、安全／責任、天氣、時間、人多擠迫、人手比例等限制；通過具有成本效益的方法來探索真實世界，更形象化地展示資訊和概念，幫助參加者理解、概括和同化知識。

## 二、擴增（Augmentation）

VR 科技替代了考察，並提升其功能。低社經地位、身心或語言有特別需要的參加者，都可用 VR 科技來進入某些地點，並克服語言障礙，允許他們通過與全球各地其他的參加者就共同感興趣的項目進行遙距合作。工作員可以根據課程主題，決定參加者需要經驗的聲、畫、圖、文，並觀察他們的發展需要、技能和興趣，量身訂造考察景點。筆者曾為一間特殊學校的老師進行 VR 體驗，並培訓他們拍攝及使用 VR 的技巧，這群老師在歷史和地理等人文學科中，用了一個月的課時，讓輕度智障的學生使用 VR 去認識世界各地的名勝古蹟。

## 三、重新設計（Modification）

VR 科技容讓我們重新設計或改革考察活動。VR 打破地域界限，讓參加者足不出戶就能體驗一些難以接觸的地方和事物，例如：監獄、醫院、禁區、境外、海底、太空、歷史時空或事件，對世界公民教育所致力建立的全球視野尤其重要，如：參加者在本港實地考察後，再用 VR 到全球各地考察作比對，可以擴闊眼界。

## 四、重新創造（Redefinition）

VR 科技創造了以往不可能籌辦的活動。參加者只需用全景直播的方式，就能輕易與海外的專家、劏房戶主或不同的社群即場交談，建立同理心和情意互動。由於 VR 照片沒有死角，參加者可以主動決定視點，增加學習動機和好奇心，帶來更深的感受和體會，且容易令人專注，有助促進自主學習。由於 VR 的技術很容易掌握，參加者可親自拍攝或構建 VR 來展示其學習成果和想法，作為專題研習的方法，如：用 CoSpaces 建構 VR 場景並進行倡議行動。

# 2.2.3 虛擬考察的限制

按筆者的經驗及 Kirchen（2011）的討論，虛擬考察有以下的限制：

● 錯誤使用：虛擬考察不能也不應該取代實地社區考察。虛擬考察宜與課程目標緊密結合，不應為用而用。在實地考察活動前或後，讓參加者以虛擬考察自行導入，並給他們足夠時間實際操作應用；此外，工作員也不應讓參加者單向地

觀看 VR，而是要他們結合其他學與教的策略及活動；

● 平等使用：沒有足夠的資源或輔助科技（如：特製鍵盤、開關手掣或翻譯軟件）為身心或語言有特殊需要的參加者使用。參加者需要接觸適當的科技，以應對現今社會的高速發展；

● 技能參差：由於 VR 對硬件需求很高，所以操作也相對較為複雜。而參加者社經地位的不同，令他們之間的科技水平產生很大的差異，因此工作員需具備豐富的資訊科技知識，去評估如何適當地開發虛擬考察，並引導參加者在課堂上製作多媒體材料。

# 2.3 成功創建和實施虛擬考察的步驟

以下步驟總結了成功的虛擬考察所需的規劃和準備：

## 2.3.1 計劃與準備

首先，工作員要聚焦課程目標，找一個難以在課堂或書本學習的概念，以及選擇一個可以提升教學效果的虛擬考察（Lacina, 2004; Morgan, 2015）。Kirchen（2011）則建議在規劃虛擬考察前，構思一份需要評估清單，內容包括：

● 如何配合課程

● 甚麼樣的備課和家課活動能增強參加者的學習

● 詢問參加者想遊覽何處或訪問誰人

● 參加者想要了解的主題

● 參加者目前對該主題的了解及已有知識

● 參加者的發展與學習需要和技能

## 2.3.2 創建和試用

● 草擬虛擬考察欲包含的內容及結構；

● 首先從個人收藏或網上（如：YouTube）找出和收集程度合宜的照片、影片或

錄音，下載或上傳至一個平台；

● 選擇需要訪問的專家或街坊，進行視像會議，在考察前掌握更多背景資料及練習訪問技巧（Kirchen, 2011; Morgan, 2015）；

● 選擇一個合宜的軟件或程式（詳見第 3 章），輸入媒體；

● 創作適當的文字，把材料整理成適合參加者年齡和科技程度的互動格式；

● 測試和瀏覽虛擬考察的製成品，以確保聲音和畫面等能正常播放；

● 良好管理是成功執行虛擬實地考察的關鍵。工作員必須先熟悉各種虛擬考察的要求以及如何組織各個細節，尤其在規劃課堂上進行的虛擬考察前，還需練習數次，以便熟悉整個考察的設計和行程（Lacina, 2004）。

## 2.3.3 帶領與執行

Lacina（2004）及 Morgan（2015）建議了一些帶領和執行的技巧：

● 設計一些活動讓參加者參與，以挑戰和促進他們解決問題的能力；

● 決定參加者以何種方式參加虛擬考察，例如以個人、小組或全班為單位；

● 考察前清楚說明虛擬考察之目的，提供一個明確的指導，包括解釋背景資訊、問題或程序。虛擬考察必須具有高度組織性和易於瀏覽；

● 虛擬考察開始前，為參加者提供有關課程主題的背景知識，讓他們全面掌握關鍵的概念；

● 由於觀看 VR 的過程中，容易令人有暈眩的感覺，所以應鼓勵參加者按自己的節奏來觀看，並強調他們不需要一次過完成整個虛擬考察；

● 現場直播 VR，以及使用視像會議科技，能令參加者與專家實時互動，並可觀察訪問的環境。

## 2.3.4 虛擬考察後的反思

● 虛擬考察後，與參加者一起進行反思，以動手實踐和有創意的形式，如：塗色、繪畫、製作黏土、地塊拼圖、撰寫和說明故事、戲劇，把經驗傳達給他

人，都是有助加強學習，而且可以鼓勵參加者將從虛擬考察獲得的知識歸納和應用到真實世界（Kirchen, 2011; Morgan, 2015）；

● 幫助參加者把實地考察時拍攝的全景照片或影片創建存檔，以強化記憶和鞏固所學到的知識，隨後再與他人尤其是家長分享，把學習延展至日常生活。

## 2.4 總結

同工或許會問，目前很多青少年都樂於嘗試 VR，因為覺得很新鮮和特別，可是假以時日，這個熱潮過後，VR 還有存在價值嗎？其實，參加者厭倦使用 VR 後，反而有助他們把視為玩具的手機，轉化為學習工具。

總括而言，虛擬考察可否取代實地考察，這個問題十分容易解答。無論科技如何先進，實地考察時中的味覺、嗅覺、觸覺和對話的經驗，是無法從遙距的地方複製出來的（Bellan & Scheurman, 1998; Kirchen, 2011），虛擬和實地考察應是一個互補的關係，而本書實務篇中的教學建議，全部都是與第二冊的考察路線掛鈎。當然，最後一條關於戰爭與和平的路線（V19），正正就是在香港做不到，而要藉由 VR 協助我們突破地域界限而完成的。因此，因應學習目標，適當地選用不同的工具十分重要。筆者會在第三章分享現有不同工具的特性，讓各位讀者作出合宜的選擇。

# 參考資料

Auld, L., & Pantelidis, W. (1994). Exploring virtual reality for classroom use. *TechTrends*, *39*(1), 29-31.

Bellan, J. M., & Scheurman, G. (1998). Actual and virtual reality: Making the most of field trips. *Social Education*, *62*(1), 35-40.

Brooks, F. P. (1999). What's real about virtual reality? *IEEE Computer Graphics and Applications*, *19*(6), 16-27.

Clark, H., Duckworth, S., Heil, J., Hotler, D., Piercey, D., Thumann, L. (2017). *The google cardboard book: Explore, engage, and educate with virtual reality*. California: EdTechTeam Press.

Crumpton, L. L., & Harden, E. L. (1997). Using virtual reality as a tool to enhance classroom instruction. *Computers & Industrial Engineering*, *33*(1), 217-220.

Kirchen, D. J. (2011). Making and taking virtual field trips in Pre-K and the primary grades. *Young Children*, *66*(6), 22-26.

Lacina, J. G. (2004). Designing a virtual field trip. *Childhood Education*, *80*(4), 221-222.

Merchant, Z., Goetz, E. T., Cifuentes, L., Keeney-Kennicutt, W., & Davis, T. J. (2014). Effectiveness of virtual reality-based instruction on students' learning outcomes in K-12 and higher education: A meta-analysis. *Computers & Education*, *70*, 29-40.

Milgram, P., Takemura, H., Utsumi, A., & Kishino, F. (1994). Augmented reality: A class of displays on the reality-virtuality continuum. *Proceedings the SPIE: Telemanipulator and Telepresence Technologies*, *2351*, 282-292.

Morgan, H. (2015). Virtual field trips: Going on a journey to learn without leaving school. *Childhood Education*, *91*(3), 220-222.

Puentedura, R. (2010). "SAMR and TPCK: Intro to advanced practice". Available at http://hippasus.com/resources/sweden2010/SAMR_TPCK_IntroToAdvancedPractice.pdf (accessed on 28 September, 2016).

Rosemblum, L. J., & Cross, R. A. (1997). The challenge of virtual reality. In W. R. Earnshaw, J. Vince, & H. Jones (Eds.), *Visualization & modeling* (pp. 325-399). San Diego, CA: Academic Press.

Sala, N. (2016). Virtual reality and education. In D. H. Choi, D. H. Amber, & J. S. Estes (Eds.), *Emerging tools and applications of virtual reality in education* (pp. 1-25). USA: IGI Global.

Stevenson, S. (2001). Discover and create your own field trips. *Multimedia Schools*, *8*(4), 40-45.

Stuart, R., and Thomas, J. C. (1991). The implications of education in cyberspace. *Multimedia Review*, *2*, 17-27.

余安邦、林民程、張經昆、陳烘玉、陳浙雲、郭照燕、劉台光、周遠祁、趙家誌（2002）。《社區有教室：學校課程與社區總體營造的遭逢與對話》。台灣：遠流。

陳麗華、彭增龍（2007）。〈全球觀課程設計的新視野：公民行動取向〉。《教育研究與發展期刊》，第 3 卷第 2 期，頁 1-18。

# 3. 虛擬實境的硬件與軟件

VR 的教件，按來源可分為「現成」及「自製」兩類。筆者把製作流程化為一個 5S 模式（model），方便讀者理解，並會分享各項技術的步驟以及應用的經驗與心得。

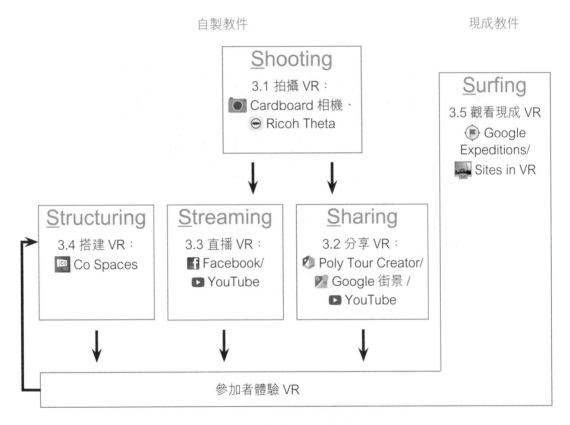

圖 3.1：按 VR 教件的來源分類的 5S Model

## 3.1 拍攝 VR（Shooting）

鳴謝：黃裕欣、周皓霆供稿

全景相機，又稱球體相機，其鏡頭的視野（field of view, FOV）是 720 度（上下左右的全景）的。與視野只有左右 360 度的廣角不同。自 2016 年起，不同公司都推出這類相機。

拍攝 VR 時的硬件包括：全景相機、腳架和流動裝置，而不同牌子的全景相機都搭配專屬的應用程式。如果手持全景相機，會把攝影師也攝進鏡頭，即使放在頭頂，下方的部份影像仍會被身體遮擋，因此筆者建議使用三腳架，而大部份全景相機都具有三腳架孔可作安裝之用。攝影師可以遠離鏡頭，用手機和 Wifi 控制相機拍攝。在昏暗環境下拍攝全景照片時，相機會自動調較至慢速快門，以避免晃動而造成照片模糊，同時應盡量善用三腳架作協助。由於很多人經常要到不同的地方拍攝，筆者建議用小型的三腳架，配合長的自拍桿就已經有不錯的效果。

如果要拍影片，可用以下方法，以減低觀看者暈眩的感覺：

● **單腳架**：拍照時要低頭，並將單腳架穩定舉起，使其高過頭頂；

● **頭盔**：拍照時保持頭部穩定不動；

● **航拍機**：把相機安裝在航拍飛機上。

## 3.1.1 Cardboard 相機 📷

目前的智能手機已可拍攝 360 度廣角照片（panorama）；Cardboard 相機則是一款免費易用的應用程式，用現有手機的相機鏡頭，即可拍攝 360 度的水平廣角照片。在經費不足以購置全景相機時，可以作為一個節衷方案。

不過，Cardboard 相機只可以原地自轉，因此只能拍攝前後左右 360 度，而非包括上下 720 度的全景照片，而且要做到無縫接合則十分考驗攝影師的工夫，略嫌費時失事。

## 一、設置步驟

1. 在流動裝置（如：手機或平板）安裝 Cardboard 相機應用程式：

2. 按相機按鈕　　　　　　　　　　3. Cardboard 相機能記錄拍攝時的聲音

4. 按下快門後，穩定地把手機水平旋轉一圈

5. 拍照後，按 Cardboard 按鈕

6. 把手機放入 Cardboard 中觀看，就可享受 360 度照片的沉浸感

## 二、注意事項

● 如在室內拍照，可坐在辦公椅上原地自轉

● 如在街上拍照，留意周遭環境及注意安全，尤其是在馬路上

● 設置教學：🖱 goo.gl/nF5jKa

# 3.1.2 Ricoh Theta 全景相機 ⊖

## 一、設置步驟

1. 在流動裝置（如：手機或平板）安裝 Ricoh Theta 應用程式：

2. 於相機旁的電源按鈕下方，按另一按鈕開啟 Wifi：

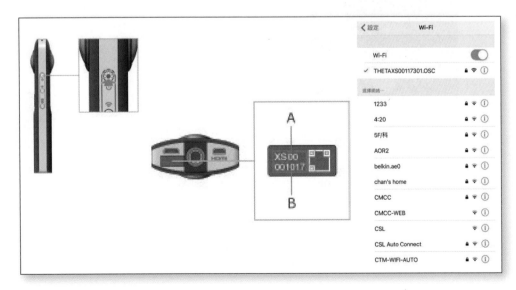

3. 在流動裝置 設定 中以 Wifi 連結全景相機，輸入密碼（於相機的底部的八位數字），Wifi 連線完成後會亮起藍燈；

4. 把相機安裝到腳架並放置於準備拍攝的位置，謹記密切留意裝置上 Wifi 訊號的強弱來調整距離，以及確保自己在不會入鏡的情況下仍收到相機的 Wifi；

5. 進入 Apps，按右下角的 ⊖ 按鈕來預覽鏡頭的影像；

6. 選擇以下介紹的其中一個拍攝模式。

## 二、拍照

1. 有四種拍攝模式：自動、快門優先、ISO 優先或手動，建議選擇 Auto 自動拍攝模式來進行曝光修正和高動態範圍成像；

2. 按底部圓形按鈕拍攝，等待約 10 秒讓相片影像合成：

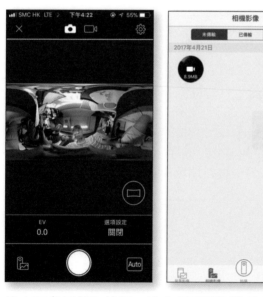

3. 按左下角圖輯 按鈕，進入 未傳輸 選項中，選取所需全景媒體下載至裝置檢視；

4. 如有需要，可使用 Theta+ 應用程式（App）編輯相片，功能包括：濾鏡、裁剪、文本、修正影像。

## 三、錄影

1. 建議於流動裝置上設定錄影視訊的解像度為 1920 x 1080；

2. 按下中間的 ⊖ **按扭**開始攝錄，再按一下停止攝錄，留意沒有暫停再錄的功能；

3. 收音的麥克風在相機機身頂端；

4. 拍攝完成後，按左上角 Ⅹ 退出攝錄模式；

5. 少於 4 分鐘之影片：下載至流動裝置檢視成果及直接上載至社交平台：

按 ⦃ 鍵分享影片至社交媒體

可剪選片段長短

6. 多於 4 分鐘的影片，檔案相對較大，連接電腦檢視影片會較方便：

● 在電腦下載另一個電腦軟件：Richo Theta，下載：

　🖱theta360.com/ct/support/download/

● 利用 USB 線把 Theta 相機連接電腦，將全景影片拖曳到電腦程式中，運用導覽面版旋轉和操縱檢視

● 若通過電腦上載 YouTube，須先用此軟件把影片從兩個球體轉換至平面：把影片檔案拖曳到其（exe）中，直接按 開始 轉換成影片並由 "r00xxxx.mp4" 轉為 "r00xxxx_er.mp4" 檔案。

## 四、注意事項及技巧

● 操作時，每部相機只可同時連接一部流動裝置。若相機為多於一部流動裝置共用，建議於拍攝完畢後在裝置設定中取消其 Wifi 紀錄，避免裝置再次自動連線；

● 應用程式開啟後，會十分耗電，須確定流動裝置已完全充電，或帶備「尿袋」。在炎熱天氣下，流動裝置運作時會產生更高熱量，容易當機，因此要讓流動裝置適時休息；

● 相機支援縮時拍攝，可以把間隔設定為最短 5 秒；

● Theta 相機可獨立進行拍攝，不一定連接流動裝置，但最終也要開啟流動裝置及電腦程式才能檢視相片和影片，因此建議即場傳輸，一方面可即時看見效果以決定是否需要重拍，另一方面可在流動裝置及相機中同時備份；

● 拍照技巧：

■ 留意相機的位置，尤其是要拍到某些重點，如：路標，須把鏡頭放近這些焦點；

■ 留意相機的高度，因會影響拍攝的角度。一般而言，把相機固定在 1.2 米左右的高度，可配合觀眾的視覺水平；

■ 可在不同位置或高度多拍數張，回去再仔細選擇；

■ 如果是在室內，建議每隔兩小步（1 米）拍一張相片，室外則每隔五步（3 米）左右拍攝一張；

■ RAW 格式拍攝：拍攝光暗反差較大的照片時，若全景相機具備 RAW 格式儲存方案，可使用 RAW 格式儲存照片，因為能夠將照片記錄得更為原始，方便在後製軟件如 Photoshop、Lightroom 等進行調較，以減低照片光暗反差的程度。

● 錄影技巧：

■ 傳統的平面影片由攝影師控制視點，而全景影片則由觀眾自行決定視點，因此需要注意拍攝技術、掌握拍攝焦點和距離，可嘗試參考優秀的 YouTube 影片，從中學習，就可熟能生巧；

■ 確保手機及相機中有足夠的記憶容量；

■ Ricoh Theta S 最多可連續拍攝 25 分鐘的影片，但過長的 VR 影片會令人感到沉悶及失焦，不適合於社交平台分享，建議影片的長度盡量少於 5 分鐘；

■ 如有多個場景，不建議邊行邊拍，而是在不同場景定點各自拍 1 分鐘，暫停後移動到另一地點再拍，並把影片合併一起，以確保影片精簡；

■ 建議剪片工具：威力導演、Adobe Premiere、Window Movie Maker、iMovie 等，但都須不轉換影片的 FOV 來剪接、加字幕、背景音樂及旁白。

## 五、設置教學

■ 觀看：全景相片的製作教學影片　🖰youtu.be/N38_OPXluk0

■ 設定技巧：🖰theta360.com/ct/support/manual/

■ 設定示範：iOS: 🖰youtu.be/Cw_KNXBiCVg

Android: 🖰youtu.be/13kc631Nl4E

## 3.1.3 其他鏡頭規格比較

| 程式 | 裝置硬件 / 系統 | | 照片 最高規格 | 影片 最高規格 | | 特別功能 | | |
|---|---|---|---|---|---|---|---|---|
| 名稱 | iOS | Android | 解析度 | 錄影 分鐘 | 畫質 | 連接手機 * | 即時串流 / 直播 | 麥克風 |
| Ricoh Theta S | ✓ | ✓ | 1400 萬 | 25 | 2K | Wifi | ✓ | 機頂 |
| Ricoh Theta SC | ✓ | ✓ | 1400 萬 | 5 | 2K | Wifi | | 機頂 |
| Ricoh Theta V | ✓ | ✓ | 1400 萬 | 25 | 4K | Wifi/ 藍芽 | ✓ | 可外置 |
| Insta Air | | ✓ | 3K | | 3K | USB2.0/C | | 機頂 |
| Insta Nano | ✓ | | ✓ | | 3K | Lightening | | 機頂 |
| Insta One | ✓ | ✓ | 2400 萬 | | 4K | Lightening 藍芽 | ✓ | |

\* 遠離手機，可避免攝影師入鏡，並減少對拍攝現場的影響。

# 3.2 分享 VR（Sharing）

鳴謝：周潔貞、黃裕欣供稿

## 3.2.1 Google 街景

Google 街景是一個公開的網上平台，世界各地的人會把不同地點的全景照片在此上載及發佈，供其他使用 Google 地圖及街景的人看見，工作員可用 VR 模式帶領參加者去世界任何一個角落考察。

**一、使用「街景服務」應用程式來製作 360 度廣角相片**

1. 開啟「街景服務」應用程式

2. 點按 ，再按相機 圖示

3. 點按完成 ✓

4. 系統會把 360 度相片拼接起來，並儲存在手機的「私人」分頁上。此外，這張相片也會儲存在您的手機上（除非您關閉了這項設定）

## 二、用全景相機製作相片

1. 用 Wifi 設定連接手機與全景相機，如 Ricoh Theta；輕觸藍色的連結相機圖示

   📷。

2. 每次拍下新的全景相片時，「個人資料」分頁右下角的藍色圓圈外會出現橙色

旋轉圓圈。請務必等到所有照片都顯示在「個人資料」分頁上，再取消連結或關閉相機；

3. 拍攝的影像會自動上載到只有你能看到的區域，按發佈就會公開展示；

4. 工作員也可把之前拍攝的全景照片，匯入街景程式，但須確定相片符合以下規定：

- 至少 7.5 百萬像素（4K），且採用 2:1 的顯示比例；

- 相片最大為 75 MB。

技術支援：goo.gl/vfjJFa

## 3.2.2 Google Poly Tour Creator

### 一、設置步驟

1. 把相機內的全景相片移到電腦上，並為檔案重新命名（如：1_地方名 / 設施；2_地方名 / 設施），方便管理及排序；

2. 開啟電腦的瀏覽器（建議用 Chrome 會較暢順）進入網頁：poly.google.com；

3. 按 登入 ，使用你的 Google 帳號註冊或進入；

4. 按 建立 TOUR；

5. 進入版面後，按左上角 + New Tour ；

6. 為旅程命名，並上載封面照片（Cover Photo），然後按 Create ；

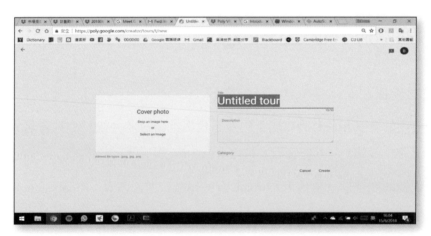

7. 按左下角的 Add scene ，在 Upload 分頁中順序把全景照片上載；

8. 亦可在 Google Maps 分頁中搜尋在 Google 街景中其他人在不同地點拍的全景照片，並把地圖上的人仔放在地圖上不同的路面或圓點中，選妥後再按右下角的 Add scene 。由於 Poly 的地圖介面仍有改善空間，建議另開瀏覽器並先在 Google 地圖中搜尋及閱覽；

9. 隨後可在標題中命名，亦可按 🔊 加插環境聲音，令場景更迫真

10. 按下 Add point of interest，可以在相片中擺放標示，突出希望參加者特別留意的角落，並為標示命名及寫下描述；建議所寫的介紹為一至兩句簡潔的說話，又或是問題；

11. 在 Point of Interest 中亦可按 🖼 加一張圖片（例如放大某個標誌或告示內容）
或旁白介紹。

12. 若放入多個場景後，希望調動次序時，可按場景旁的 ⋮，按 Move Left 可把該
場景調前，按 Move Right 則可把該場景調後；

13. 在製作時，Tour Creator 會自動儲存你的旅程；

14. 按下 Publish 索取旅程的網址連結,可設定為公開(Public)或只有連結
(Unlisted)才可開啟,並製造 QR 碼;建議每個旅程最多 8 張照片,不同地
點可分開旅程,用不同 QR 碼進入,以便學生在課堂上以分工或分組形式
瀏覽;

## 二、講解步驟及帶領技巧

1. 確保參加者的手機已安裝了 QR 碼掃描器,以及 Google Chrome 瀏覽器
(App):

2. 提醒參加者先解除手機中縱向畫面的鎖定;

3. 以手機掃描指定 QR 碼,再複製其網址連結到 Chrome 瀏覽器開啟;

4. 按下網頁右上角 ▭ 按鈕；

5. 橫置手機，靜待一段時間至顯示預先設定的全景相片；

6. 把手機放入 Cardboard 中，戴上 VR 眼鏡並瀏覽 VR 旅程；

7. 參加者上下左右移動頭部，追蹤手機畫面中的白點，並對準圓形的 ！來打開 Point of Interest，用 Cardboard 右上角的手掣點按一下，就可看到當中的文字內容；

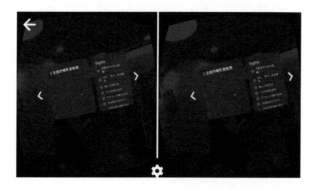

8. 在 VR 模式下，可先用 Cardboard 手掣點按畫面，變暗後，把白點對準箭號 ▷，再用 Cardboard 手掣點按，即可轉到下一張照片。

## 三、注意事項

● 建議 2 人一組，使用一部手機及 VR 眼鏡輪流瀏覽；

● 由於下載 VR 媒體耗用較多數據，建議在鋪設光纖網絡的課室進行活動，以確保有穩定的網絡；

● 建議預先講解並示範 Poly 的使用步驟，再讓參加者自由探索。工作員亦可在每次觀看完一幅相片或影片後進行反思或分享環節，以加深參加者的印象；

● 對於未有陀螺儀的手機，參加者可用手撥動畫面來觀看；

● 目前，Google 接受個別工作員按其官方指引（Style Guide），並經他們審核後，把 Poly 的旅程上傳至 Expeditions，但只限英文版的文字內容。開發團隊更在電郵中表明，他們的目標是 2018 年底可以讓用戶直接把 Poly 上的旅程植入 Google Expeditions，並希望加設不同的問題（如：多項選擇題），讓工作員可掌控節奏及全程在 VR 眼鏡中觀賞。

● 設置教學示範：🖱youtu.be/2s4rhDbyYo4

## 四、比較其他類似的工具

　　雖然 Google Poly 仍有美中不足之處，但由於設置步驟簡單，不用下載任何應用程式，且能直接採用 Google 街景的圖庫，省卻工作員四處拍照的時間；加上 Google 十分迅速接納用戶意見及作出改動，因此這工具有極大的發展潛力。Google 於 2018 年 5 月推出這工具時，筆者已馬上試用，並推薦讀者使用。期間，Google Poly 在介面上曾有大幅的改動，例如開放予 iOS 系統使用、提供轉頁功能等。其他類似工具的功能比較如下：

| 工具 / 程式 | 特色 | 限制 |
|---|---|---|
| YouVisit | ● 可上載影片及相片<br>● 可設定旅程，並用畫面的圓點轉到其他全景照片<br>● 可把手機放在 Cardboard 眼鏡中完成整個旅程 | ● 設定步驟較複雜<br>● 上載影片需時很長<br>● 進入時，要先在網頁中按 Cardboard 圖示再自動開啟程式，此時有些裝置會看不見內容，而令參加者感到困擾 |
| Round me | ● 在 VR 相中指定有密室開啟功能<br>● 編輯相片縮放<br>● 可加入留言<br>● 公開 VR 考察在 Round me 平台<br>● 語音檔案可放置於相片中的指定地方 | ● 不能上載影片<br>● 免費戶口的相片上載數量受限制<br>● 必須先對外開放考察才可瀏覽 VR<br>● 付費才可限制 VR 瀏覽者 |
| Insta VR | ● 可以加 Point of Interesl<br>● 可把旅程串連成一個專屬的應用程式，並上載至 Play Store 和 App Store，有助公司推廣品牌 | ● 須收費才可公開下載 |

## 3.2.3 YouTube 360

若使用 Theta 相機，應用程式可連接到社交平台分享全景影片。Facebook 只能用桌面式 VR 觀看，而 YouTube 則可按下眼鏡圖示，用沉浸式 VR 去觀看。

### 一、設置步驟

1. 在電腦上使用最新版本的 Chrome、Firefox 或 Edge 等瀏覽器，或在流動裝置上更新 YouTube 應用程式；

2. 上傳前，須先通過應用程式或腳本修改全景影片檔案，不過，目前 YouTube 網站上的影片編輯器、增強功能和片尾畫面暫不支援全景影片；

3. 為取得最佳的拍攝效果，請根據 YouTube 高級規格要求，採用高解析度對影片進行編碼。目前，YouTube 支持畫面播放速率為每秒 24、25、30、48、50 或 60 幀（fps）的全景影片，建議以 7168 x 3584 或更高（最高 8192 x 4096）的解析度，上傳寬高比為 2:1、等距柱狀投影格式的全景影片；

4. 影片上傳後，可能需要等待最少 1 小時才能實現全景播放效果。

### 二、帶領步驟及技巧

1. 工作員需預先準備 YouTube 連結的 QR 碼，供參加者用手機掃描。若希望參加者觀看較高清的影片，可預先開啟 YouTube 程式，點按 720p 或 1080p 預載；

2. 進入 YouTube 版面，輕點短片畫面，在下方彈出的功能表上按右下角的 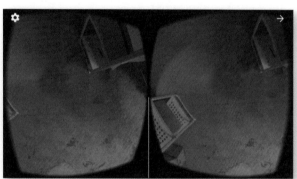 按鈕；

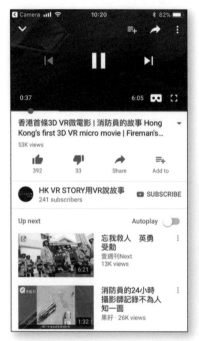

3. 成功進入 VR 版面；

4. 建議參加者可用耳筒收聽，會更加身歷其境。

## 3.3 直播 VR（Streaming）

鳴謝：周皓霆供稿

VR 影片在科技上最大躍進之處，就是能用全景相機透過不同的應用程式進行 VR 直播，如：HugVR、Google Hangouts 等，讓人現場直播不同聚會、討論、活動等。參加者只需配戴 VR 眼鏡觀看，便恍如身處在影片的現場。這科技創造了從前不可能的教學活動。

在此介紹另一款可輕易支援在社交媒體上進行直播的全景相機 Insta360 ONE，由於這相機的應用程式已內置連結社交媒體如 YouTube 及 Facebook 的程式，因此只需幾個簡單的步驟，即可輕鬆地上載影片到公開的平台進行串流直播。準備步驟如下：

1. 在流動裝置安裝 Insta360 ONE 的應用程式：

2. 關閉流動裝置中所有正在運行的應用程式；

3. 把 Insta360 ONE 全景相機裝上流動裝置，相機會亮起藍燈，以示成功安裝，然後靜待約 10 秒，Insta360 ONE 應用程式將自動啟動；

4. 自動啟動的 Insta360 ONE 程式版面為普通拍攝模式，如欲拍攝全景相片，按下黃色圓型拍攝按鈕即可；若進行全景直播，請在模式選單中選取 ▦ 直播選項（紅色圈示），拍攝按鈕隨之變成紅色，內有 LIVE 字樣；

5. 在拍攝鍵右旁有 Facebook 圖示，該處為直播平台設定按鈕（紅色圈示），請按下並進入設定版面（可在 Facebook、YouTube、Periscope 及微博等平台直播）；

設置教學：

● 設定技巧：🖱 goo.gl/c7QShD

## 3.3.1 Facebook 全景直播 🅵

### 一、設置步驟

1. 插入相機前，先在流動裝置（如：手機或平板）安裝 Facebook 應用程式，並登入帳戶，此帳戶將用於直播；

2. 點按 Facebook 帳號 一欄，並選取 授權 選項，以 Facebook 應用程式已登入的帳戶來進行直播，完成後按右上方 完成 。建議一併授權**讀取評論**，方便參加者即時於直播時留言回應，增強互動；

3. 在 Facebook 帳號 一欄出現自己的帳戶名稱，然後按下下方的 分享給 一欄，再選取分享模式及直播位置，分享模式包括 公開 、 好友 及 僅有自己 ，位置則包括自己生活時報（ 時間線 ）、專頁（ 頁 ）或群組（ 群組 ），完成後按右上方完成；請選擇「公開」分享模式，另建議以專頁或群組分享片段，方便參加者找出直播片段；

4. 右旁有一齒輪圖示，用以設定直播短片品質，如解析度及網速（bps）；

5. 按下紅色拍攝按鈕後，版面會先後出現**正在檢查串流狀態**及**正在測試網速**字樣，以示準備開始直播，測試時間由 10 秒至 1 分鐘不等，視乎 Wifi 網絡，當 00:00 時計出現，代表直播已開始；

6. 按下停止拍攝按鈕，即停止直播。


## 二、講解步驟及帶領技巧

1. 工作員預先把分享直播片段之專頁或個人帳戶連結製成 QR 碼，放入簡報（PowerPoint）或列印出來；

2. 參加者須在自己的手機安裝 Facebook 程式，並同時登入帳戶，能更穩定地收看片段；

3. 參加者利用手指撥動畫面或原地自轉，即可看到直播現場的不同位置；

4. 過程中，可邀請即時留言回應、按讚或不同的表情，同時直播現場的受訪者能在其拍攝畫面上即時看到留言回應及讚好，再進一步反饋。

5. 若工作員擔心參加者瀏覽其他 Facebook 資訊，可利用「主持自用」帶領方式，即單純工作員投影直播片段，但有可能影響參加者的學習自主性及投入度。

## 3.3.2 YouTube 直播

### 一、設置步驟

1. 進行直播前兩天，在電腦上瀏覽 YouTube 網站並利用 Google 帳戶登入；

2. 在頁面右上角選取自己的帳戶，然後在展開的選單內選按 創作者工作室；

3. 在左列選單中選取 頻道，然後將進入頻道「狀態與功能」頁面；

4. 在「直播」一格內選取 啟用，該格將出現「待處理」字樣，同時 YouTube 會進行批核，24 小時後直播功能便會啟用，另請確保「上傳」、「較長的影片」及「非公開影片和私人影片」功能已啟用，否則，請在有關格內選取 啟用；

5. 待直播功能啟用後，請在此頁面「嵌入直播影片」格內選取啟用，以啟用此功能，同樣 YouTube 將用 24 小時進行批核，完成批核後，便可隨時開始 YouTube 直播；

6. 在 YouTube 應用程式上登入相同的 Google 帳戶，該登入帳戶將用於直播；

7. 插入相機及進行上文提及的步驟；

8. 在拍攝鍵右旁有 Facebook 圖示（紅色圈示），可按下並進入設定版面；

9. 按下 YouTube 帳號 一欄，並選取 授權 選項，以 YouTube 應用程式登入的帳戶進行串流，再按右上方 完成；

10. 完成授權後，YouTube 帳號 一欄將會出現自己的帳戶名稱，按下下方 創建新直播事件 一欄，再按版面右上方 確認，然後會產生一條直播連結，務必記下此連結，將之告知觀看者；

11. 圖示會由 Facebook 轉為 YouTube，旁邊有一齒輪圖示，用以設定直播短片品質，如解析度及網速（bps）；

12. 按下紅色拍攝按鈕後，版面會先後出現**正在檢查串流狀態**及**正在測試網速**字樣，以示準備開始直播，測試時間由 10 秒至 1 分鐘不等，視乎 Wifi 網絡接收是否良好，當 00:00 時計出現，代表直播已開始；

13. 按下紅色暫停拍攝按鈕，即暫停直播，再按下紅色按鈕會繼續直播；如欲終止直播，請按下暫停拍攝按鈕左方的停止拍攝按鈕。


**二、講解步驟及帶領技巧**

1. 確保參加者的手機已安裝 YouTube 及 QR 掃描應用程式；

2. 如參加者以 VR 模式收看片段，須講解 Cardboard 的組裝步驟；

3. 等待直播方產生分享連結後，可馬上利用網上的 QR 碼產生器（如：goqr. me），製作並即時投影此 QR 碼，或通過社交媒體發放連結；另外，須待直播

片段正式開始後才開啟連結，否則將出現程式錯誤；

4. 進入直播頁面後，大部分手機會彈出一個要求以 YouTube 應用程式開啟的視窗，請提示參加者 允許／同意 有關要求，這有助更穩定地收看片段；

5. 參加者點按影片右下角的 ▄▄ 眼鏡圖示，然後把手機放入 Cardboard 內，即以 VR 模式觀看，不合規格的手機，則可利用手指撥動畫面或原地自轉，也可看到直播現場的不同角落；

6. 直播過程中，可邀請參加者即時口頭回應，然後將相關回應以即時通訊程式（如 Whatsapp）告知直播場地的工作員，而工作員亦可以相同方式轉達自己或受訪者的反饋；

7. 如長時間以沉浸式 VR 收看直播，或會有暈眩不適的情況，故時間不宜超過 15 分鐘，或應每 10-15 分鐘給予參加者小休。

## 3.3.3 以 Insta ONE 進行直播的注意事項

● Insta360 ONE 全景相機預設給蘋果產品使用，故只有 Lightening 插頭，如欲搭配 Android 產品，須額外購置轉換插頭；

● Insta360 ONE 全景相機是獨立供電的，故直播前請預先為相機完全充電；

● 建議把相機安裝到腳架上進行直播，使影像和收音效果更為穩定；

● 如在 Wifi 訊號不佳的地方進行直播，建議使用獨立隨身路由器（Wifi 蛋），以確保直播流暢；另外，使用個人流動數據亦可，惟須注意直播會耗用頗大數據量；

● Insta360 ONE 應用程式預設最佳直播短片品質（1080p 解析度及 2M 網速），但普遍網速未能有效支援此直播品質，結果大大降低直播流暢度，故此建議設置解析度為 720p 及網速為 1M 便已足夠；相比普通的串流直播片段，VR 直播的影像質素會稍遜，但其差異不太影響參加者的考察效果；

● 直播影片約有 10 秒或更長的時延（time lag），此為正常情況，亦可確保不會斷線。如時延超過 30 秒，則有可能代表網絡狀況不太理想；如遇應用程式意外結束或停止回應，請嘗試重新啟動手機，重複上述步驟即可；

● 若同一時間過多參加者進入同一直播網頁，或會降低網速，屆時可二人一機，分組收看片段；

● 直播前，宜詢問受訪者是否願意入鏡或場內有否任何不希望上鏡的物品，以尊重受訪者公開個人私隱的意願；

● 工作員宜在直播時，口頭引導參加者觀看直播場地的特別位置或物件；

● 收看直播片段時，建議工作員引導一些即時反思或分享，以加深參加者的印象；或讓參加者主導訪問，此有助增強活動互動性和自主學習程度，惟面對較年幼的參加者，工作員應引導他們在活動開始前預先思考訪問問題的內容，或為其提供少量的訪問問題，以刺激思考；

● 以 Facebook 及 YouTube 進行訪問活動的主要分別：

| 功能 | Facebook | YouTube |
|---|---|---|
| 以沉浸模式（Immersive VR）收看直播片段 | ✗ | ✓ |
| 透過 Instant 360 ONE 應用程式即時看到參加者留言回應以及按讚 | ✓ | ✗ |

# 3.4 搭建 VR（Structuring）：CoSpaces

鳴謝：郭凱達、聖公會聖馬利亞堂莫慶堯中學吳健豪先生及李浩然老師供稿

VR 技術的應用愈來愈多元化，CoSpaces 能讓參加者自行把不同的素材搭建在一個虛擬的三維空間，再供他人以 VR 設備身歷其境地參觀。

## 3.4.1 基本操作

1. 鍵盤按鈕操作

↑：向上俯視物件　　S：顯示網格 / 隱藏網格

↓：向下俯視物件　　C：整幅閱覽

←：向左俯視物件

→：向右俯視物件

2. 滑鼠按鈕操作

　　左鍵：可隨意轉動俯視物件

　　右鍵：選取物件

　　左鍵 + Space bar（空白鍵）：單一方向移動

　　滾輪：放大 / 縮小

3. 認識網站畫面

## 3.4.2 場景製作步驟

1. 登入 CoSpaces

2. 首先在我的空間頁面，按 新建一個空間

3. 進入新建的空間後，可按下畫面中央的鏡頭，這鏡頭為初始的視角，當按下右
上角的 播放 鍵後，畫面將會轉到鏡頭所指的方向。

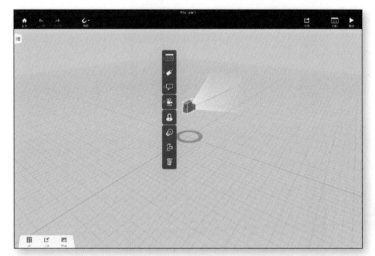

4. 網格顯示格與格之間比例，輔助參加者修正尺寸及距離；

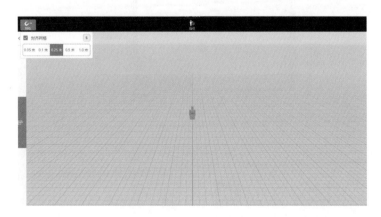

5. 場景（顯示 / 隱藏）

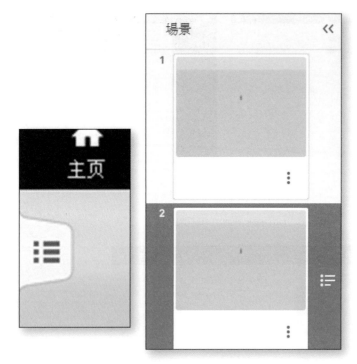

6. 增新場景： ⋮ 可複製場景 / 刪除場景

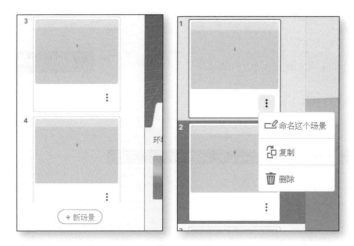

7. 畫面的右下角：庫、上傳、環境

● 庫：

■ 有 7 個選項，包括 3D 基礎多邊形物件、3D 物件、角色、更多物件、建築
模塊、圖形及特殊物件，用家可按需要選擇新增該圖案、物件到場景中；

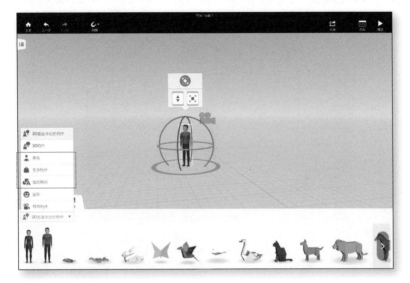

■ 其中，「角色」、「更多物件」及「建築模塊」（即上圖紅框部份），有 3D 素
材供參加者改變形狀及不同動作；

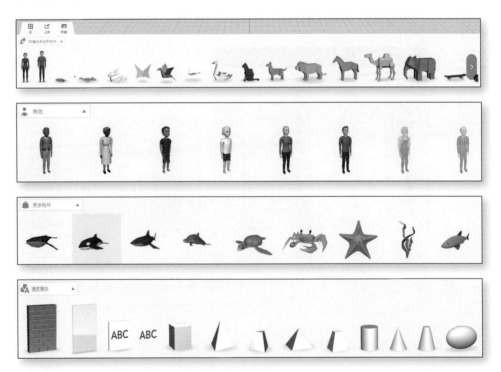

■ 在建築模塊中，用家可以選擇牆身、玻璃、傢俱等物件，建造房屋、環境等；

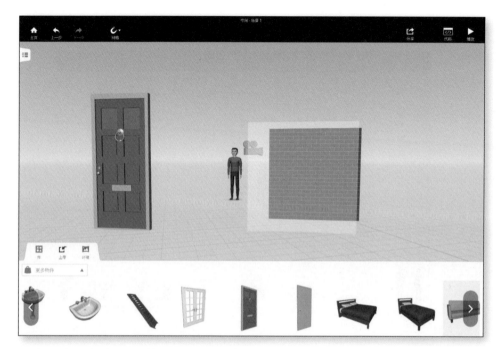

■ 所有圖案、物件皆能夠改變大小、角度及位置，改變有關參數時可以從拉動相關選項或是改變數值作精準調整；

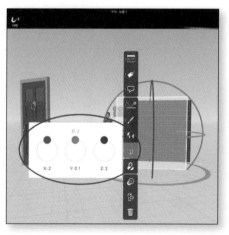
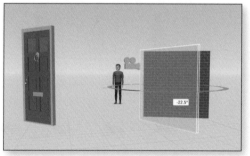

● 上傳：參加者能夠從上傳選項中揀選搜尋網絡圖片、圖像及音頻上傳，並將有關媒體置於空間當中：

■ 場景音效：可上傳音訊檔（mp3、wav 等）到你的場景中，營造氣氛；

■ 網絡圖片：從網絡尋找圖片並上傳；

■ 圖像上傳：自行在電腦選擇圖片（如：jpg、png 或 gif）或不同的圖案並上
傳；

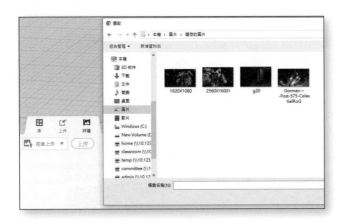

● 環境：參加者可以改變環境、天氣、插入圖片及場景音效：

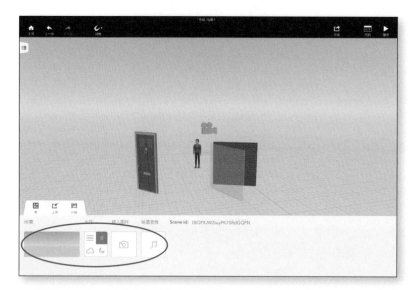

■ 環境方面，用家除了能夠選擇 CoSpaces 的範例環境（有室外及室內環境可供選擇）外，亦能上傳 360 度的廣角照片（製作方法見 3.1.1 Cardboard 相機）；

■ 按下：上傳 360 廣角圖片，請選取一張用全景相機拍攝的圖片並上載；

■ 天氣方面，用家能夠選擇沒有、天晴、天陰或晚上

■ 插入圖片：可上傳圖片，作為場景空間的地面

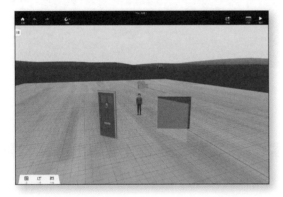

環境：預設環境和天氣，以配合不同場景主題，亦可加插圖片及場景音效。

### 3.4.3 借用現有場景的步驟

若參加者未太掌握如何製作，而工作員已準備一定的框架並製作了範本後，可參考以下步驟：

1. 按畫廊 → 揀選其中一個範例，按名稱旁邊的三點，點選「複製到我的空間」；

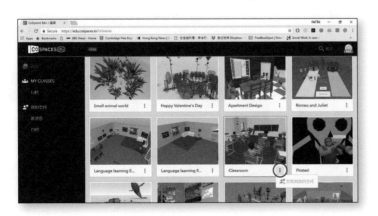

2. 透過更改「庫」、「上傳」及「環境」，或刪改、移動範例中的設定，達致使用
者的要求；

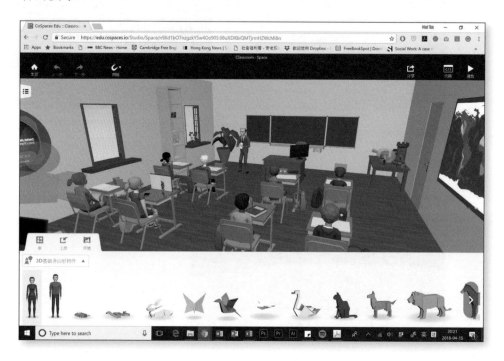

### 3.4.4 角色的製作步驟

1. 插入角色；

● 選擇你喜愛的角色，按著滑鼠左鍵拉進到場景內，由於設計範圍有限，建立物
件時，只能建立於網格範圍內；

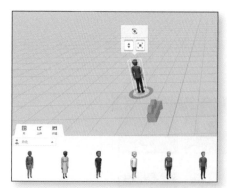 

● 角色上的功能： 旋轉：圖中的顏色（紅、藍、綠）可令角色旋轉；

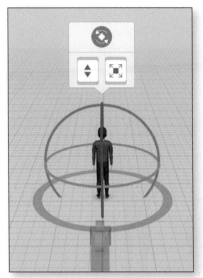 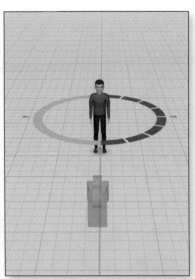

● 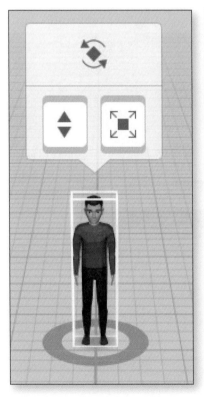 按著滑鼠左鍵按鈕可令物件向上或向下移動；

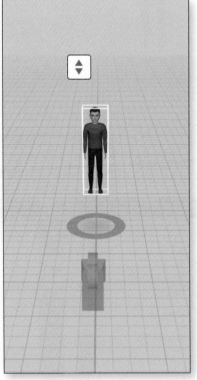

● ⊡ 按著滑鼠左鍵按鈕可令物件放大或縮小。

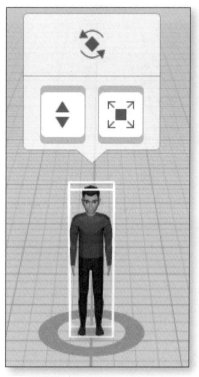
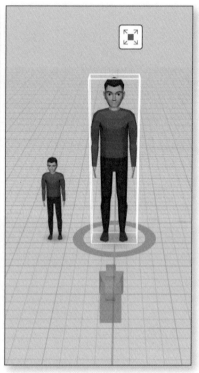

2. 從角色中加入文字：

● 滑鼠指向角色後，並按右鍵。選擇 ▭ （動畫）；

● 內設有三大類別：Action（動作）、Reactions（反應）、Postures（姿態）；

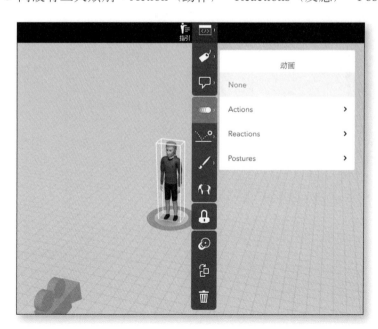

● 每一類都預設了不同動作款式以因應場合、環境作出選擇；

3. 從角色中加入文字，有三種方法：

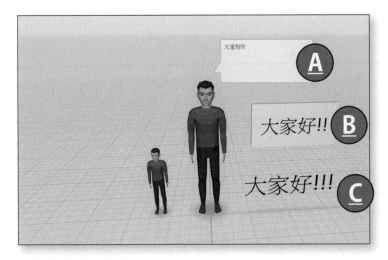

A.以角色身份說話：

在物件位置按滑鼠右鍵，出現一系列功能表，選擇第三項功能「說或想」，然後加入文字。

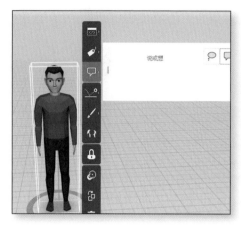 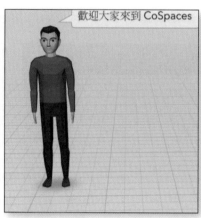

B. 白底文字：

■ 在（圖庫）建築模塊一欄中選取白底文字放入場景內；

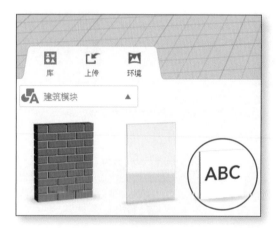

■ 由於白底及文字是分開兩個圖層，選擇物件時必須小心留意兩者的分別。

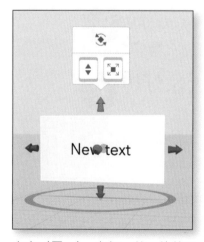 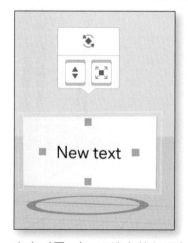

白底（圖一）：有紅、藍、綠箭咀　　文字（圖二）：四邊有藍色正方格

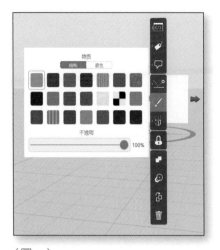

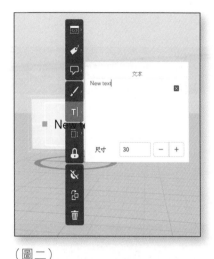

（圖一）
可更改物件結構及顏色

（圖二）
與透明底文字做法一樣。在物件位置按滑鼠右鍵，出現一系列功能表，選擇第五項功能「文本」，然後輸入文字。

C.透明底文字：

■ 在（圖庫）建築模塊一欄中選取透明底文字放入場景內。

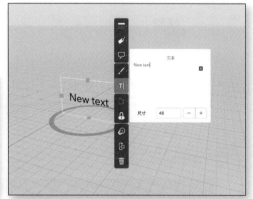

■ 在物件位置按滑鼠右鍵，會出現一系列功能表，選擇第五項功能「文本」，然後加入文字。

## 3.4.5 Blockly 應用步驟

　　Blockly 是圖像化程式編輯工具，不用安裝任何的外掛程式，只要開啟瀏覽器就可以創作程式，透過拖曳和組合積木，不用輸入任何一個程式代碼下就能輕鬆做出有趣的應用。以下是使用 Blockly 的步驟：

1. Blockly：於場景介面的右上角「代碼」圖示內；

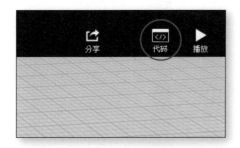

2. 選擇 Blockly 作為編寫語言；

3. 內設有不同功能的積木組裝程式；

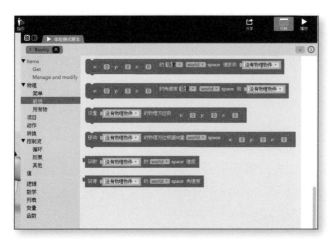

4. 使用 Blockly 時，必須於物件上先開啟 在 Blockly 中使用；

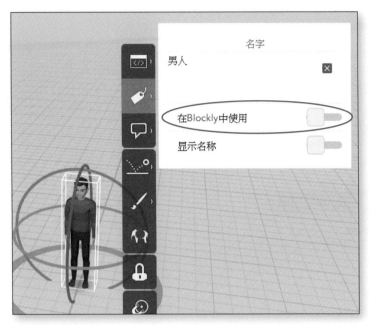

5. 以轉換場景為例；

- 在「請按下我」的文字按右鍵，在第二欄（名字）更改為「Next Scenes」，並開啟 在 Blockly 中使用 ，開啟代碼功能；

- 在「動作」拉出（）；

- 在「項目」拉出（）；

- 在「項目—其他」拉出（）；

- 組合成以下拼圖；

- 當開啟播放時，「請按下我」的文字轉變為紅色，並且會轉到場景二。

# 3.5 觀看現成 VR（Surfing）

鳴謝：周潔貞、陳楚豐供稿

## 3.5.1 手機規格

如要讓參加者原地轉、上下左右搖搖頭就能看到 720 度不同方向景象的沉浸式 VR，手機必須配備以下兩個硬件：

- 加速規（accelerometer）：用來測量加速力

- 陀螺儀（gyroscope）：用來感測與維持方向

蘋果手機已內置這兩個硬件，至於其他牌子的手機，如三星則視乎價錢，較便宜的或會沒有，而便宜的小米手機也有。若沒有這兩個硬件，就須用手指撥動畫面才可觀看桌面式 VR。

如果進行小組研習活動，筆者建議用平板或手提電腦供參加者用手指撥動，亦可由其中一兩位組員觀看，其他組員協助紀錄。若進行個別考察，參加者可自攜裝置（BYOD），用手機配合 VR 眼鏡觀看，會更有沉浸的感覺。若參加者不肯定手機的情

況，可安裝應用程式「VR Checker」查看。工作員只需準備一兩部後備的小米手機，
供手機未符規格的參加者使用。

## 3.5.2 VR 眼鏡：Google Cardboard

坊間有很多種觀看 VR 的儀器，本書會統一稱為「VR 眼鏡」，而 Google 出品的
觀影盒則稱為「Cardboard」。

### 一、自製第一代 Google Cardboard 的步驟

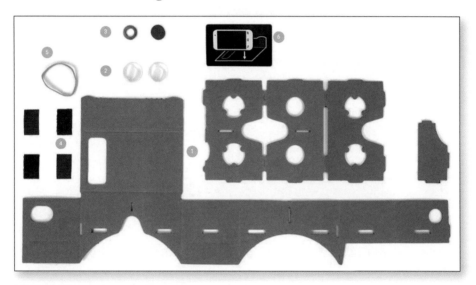

圖片來源：vr.google.com

1. 從各大網購平台購買到這些製作套裝：

● 瓦通紙皮 78cm x 105cm 共兩張；

● 塊雙凸透鏡（25mm, 45mm 焦距）（淘寶 /Amazon 等購物網站有售）；

● 1¾ 吋超強釹磁鐵及磁鐵各一 *；

● 魔術貼；

● 粗橡筋；

● 其他文具：鎅刀、膠紙、筆、鐵尺、切紙墊。

　* 註：第二代 Cardboard 版本不需要磁石，但其製作步驟較困難。

2. 上網下載模版（如：🖱goo.gl/Z8ph7X）；

3. 列印模版到 A4 紙，然後用膠紙貼在紙皮上，並用筆畫好壓線，再用鎅刀裁剪；如果紙皮太厚，參加者會較難剪裁或摺疊，而較薄的紙皮則比較容易剪裁及摺疊，卻較不耐用；

4. 以油性筆在紙皮上畫線，再用美工刀切割瓦通紙；

5. 如你有鐳射切割機，可用來剪裁 Cardboard，製成品會較用鎅刀切割美觀。以下網站會有供鐳射切割機使用的 Cardboard 模版：bit.ly/coreldrawcardboard。使用鐳射切割機剪裁 Cardboard 時，須留守監察著，以防燒焦；

6. 把切割妥當的零件摺起來並放入凸透鏡；

7. 製作步驟片段：🖱youtu.be/8qNmRi-gNqE

8. 其他仔細規格：🖱vr.google.com

　　第一代 Cardboard 的結構較簡單，只要參考模版就能憑直覺組裝起來；而改良後的第二代 Cardboard 外型變大了，結構更為堅固，但組裝起來較為複雜，要上網觀看組裝影片才可完成，而且使用熱溶膠槍固定的地方亦較多。因此筆者建議大家可到電腦商場或各大網購平台購買第二代 Cardboard，價錢約港幣 20-30 元一個。

● 第一代 Cardboard 尺寸：長 133 x 寬 90 x 高 78mm

● 第二代 Cardboard 尺寸：長 146 x 寬 90 x 高 88mm

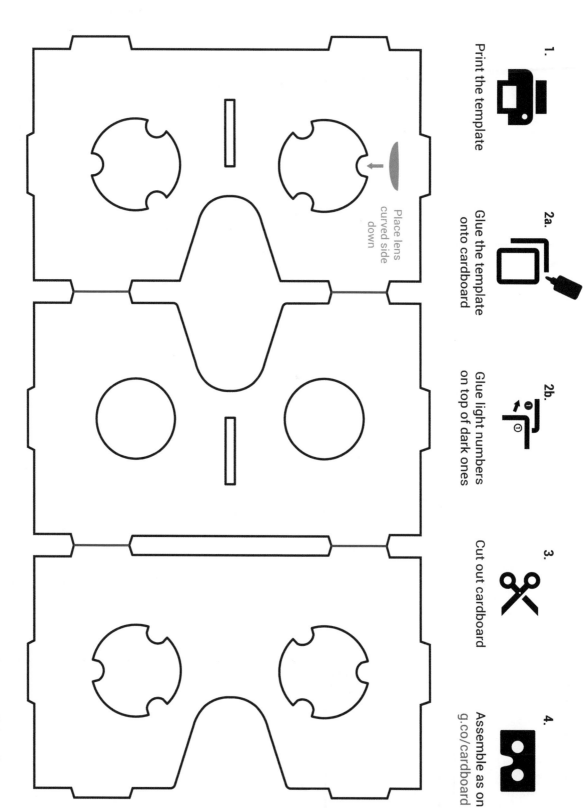

1.
Print the template

2a.
Glue the template
onto cardboard

2b.
Glue light numbers
on top of dark ones

3.
Cut out cardboard

4.
Assemble as on
g.co/cardboard

Place lens
curved side
down

**Google Cardboard v1.2**
Printing template

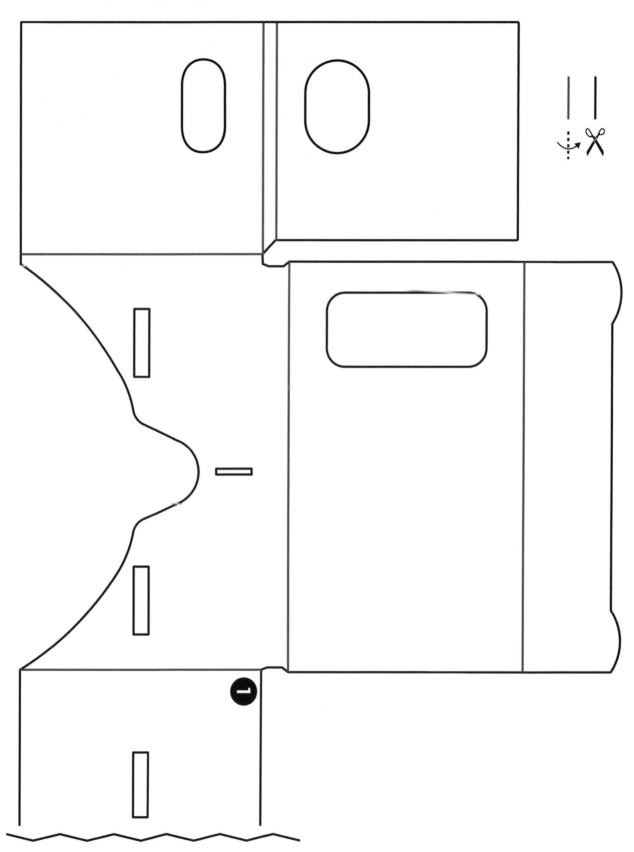

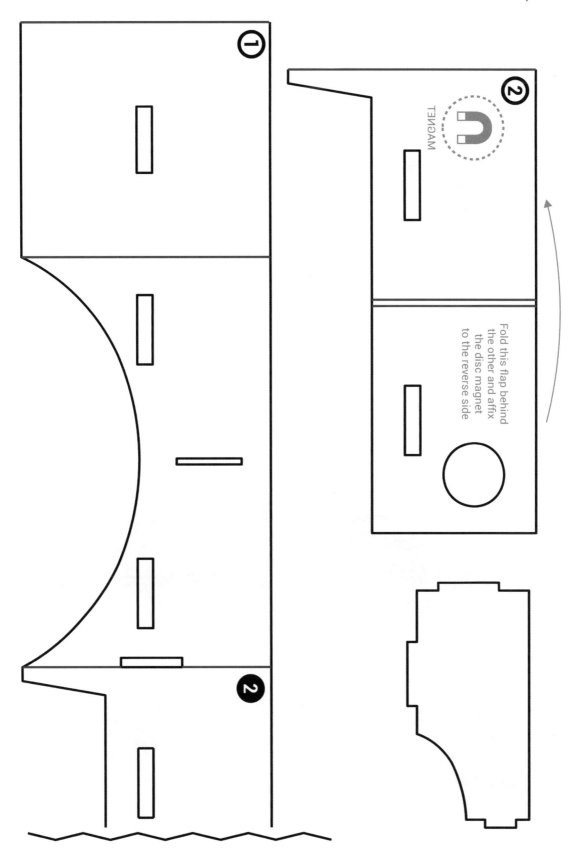

## 二、打開第二代 Cardboard 的步驟及講解技巧

請參加者先觀看完工作員的步驟才開始行動，若不明白可再觀看印在 Cardboard 上的步驟：

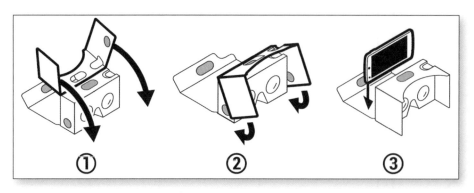

圖片來源：vr.google.com

1. 取出 Cardboard，把雙翼打開翻轉；

2. 強調：「魔術貼對魔術貼」；

3. 把手機放入 Cardboard；

4. 完成後按倒序還原。

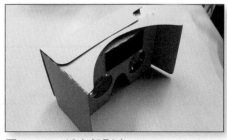

圖 3.5.2a 紙皮觀影盒

圖 3.5.2b 膠套觀影盒

圖 3.5.2c 摺疊觀影架

圖 3.5.2d 摺疊觀影架

### 三、其他 VR 眼鏡比較

| 眼鏡牌子 | 物料：容易清潔程度 | 按鈕：能否控制畫面 | 配合不同尺寸電話的彈性 | 保護手機安全度 | 調整焦點（focus） | 暈眩程度 |
|---|---|---|---|---|---|---|
| 紙皮觀影盒 如：Google Cardboard | 紙皮 | ✓ | ★★ | ★★ | ★ | ★★★ 因較密封 |
| 膠套觀影盒 如：VR Box、MiniSo VR | 膠，易清潔 | ✗ | ★ | ★★★ | ★★★ | ★★ |
| 摺疊觀影架 如：3D VR* | 膠，易清潔 | ✗ | ★★★ | ★★ | ★★ | ★ |

　　* 屬於較開放的眼鏡，可看到其他環境，有助分散集中力，不會那麼容易造成暈眩感覺，但參加者較難對焦，建議如下圖般手持手機，可更易更快對焦。

## 3.5.3 觀看現成 VR 的應用程式

一、Google Expeditions

　　Expeditions 結合虛擬實境技術，將世界的名勝古蹟呈現眼前，師生不必離開教室就能遊歷各地，更可以隨時隨地暫停作講解及導賞、發問及討論，讓師生同步參與。技術及器材要求簡單，只需準備路由器（Router），便可在課室內不用連結到互聯網而

能同步進行導賞，工作員只用事前下載教件至帶領導覽的平板中即可。目前，Google 還未容許工作員上載自己及剪裁他人的教件，可能因為已有很多內容適用於世界歷史和地理科。不過 Google 已表明，期望在 2018 年底，讓用戶把 Poly 和 Tour Creator 的內容可轉移至 Expeditions。以下為一些現有的 Expeditions 教案：

🖱 bit.ly/TeacherExpeditions

工作員在平板電腦中安裝 Expeditions 程式，並在成為導遊（Be a guide）中按「Lead」：

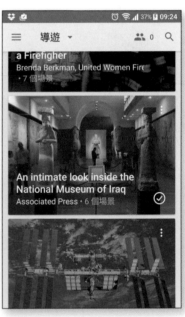

1. 進入程式後，可揀選與主題相關的路線及景點，下載後會有圓形的 ✓；

2. 參加者須和工作員同時連上同一個 Wifi 網絡，並在成為探險家（Be an explorer）中按「Follow」，按 👓 鍵後可把手機放入 Cardboard 中。

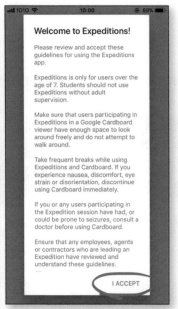

3. 工作員揀選第一張全景，並輕觸 ▶ 開始，就能開展旅程；

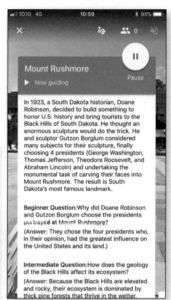

4. 工作員只需輕觸「筆記功能」，右欄就會展示要導賞的筆記要點，工作員可以使用預設內容，並向參加者講述重點及帶領討論；

5. 工作員可以揀選有興趣的點（Point of Interest），白色圓形會出現在工作員的平板電腦畫面上，而參加者會見到白箭嘴，只要跟著箭嘴移動就可觀賞工作員指出的角落。工作員亦可即場用畫筆圈起想觀察的地方；

6. 白色笑臉代表參加者正在觀賞虛擬實境的位置；

7. 工作員可在右下角輕觸 ▮▮，以暫停參加者觀看，也可按藍色的「導航」，帶領參加者到另一景點；

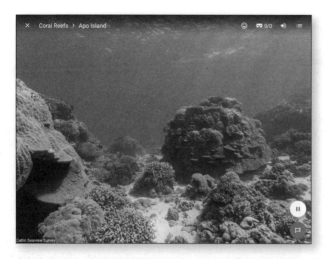

8. 部份旅程加插了環境的聲音，更令參加者猶如置身現場。工作員可按右上角的
◀ 音頻按鈕，以開啟或關掉聲音，如能接駁喇叭播放虛擬聲音，效果更佳。

## 二、Sites in VR 的帶領步驟及技巧 🥽

　　Sites in VR 擁有世界各地名勝古跡的全景照片，其中有回教寺、古墓、舊居、浴
場等不同場所，對大眾了解宗教和文化非常有幫助，惟美中不足的是工作員不可上載
自行拍攝的照片。至於 Sites in VR 的登入步驟十分簡單，如下：

1. 請參加者先開啟 Sites in VR 程式；

2. 指示參加者須觀看的教件，如：Mosque 及具體地點；

3. 教件開啟後，才按 █◕◕█ 圖案，選用合宜的 VR 眼鏡；

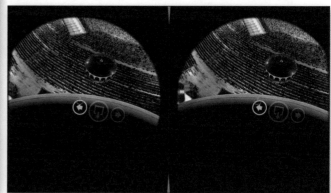

4. 轉入 VR 模式後，可把手機放入 VR 眼鏡；

5. 可用藍點指向箭咀約 5 秒來轉頁；

6. 參加者手機沒內置陀螺儀的也可用手指來撥動畫面。


三、YouTube ▶

● 若工作員未能拍攝影片，YouTube 也有很多現成有用的教件；

● 搜尋時把你想找的人／事／地／物或概念的關鍵詞輸入，並於關鍵詞後加「360」或「VR」，即可找到很多教件，建議選用一些 4K 的影片；

● 一些國際的傳媒，如：CNN、BBC、國家地理頻道等，以及一些國際性的非政府組織（NGO），如：綠色和平、聯合國難民署等，都製作了不少全景影片，只要搜尋他們的名字，也會找到不少有用的世界公民議題 VR 教件。

● 觀看步驟見 3.2.3。


四、其他應用程式

● 360Cities

● EduVenture VR：可把相片剪接成影片，並新增語音旁白，以及不同的題型

（如：填充、選擇題、錄音和概念圖等問題），申請後也可利用 YouTube 內的 VR 影片。現時學校可免費申請帳戶，不過非政府機構則可能要收費，另外也需時做後期製作。

### 3.5.4 帶領技巧

- 請參加者坐在椅子上，有些學校會安排固定而沒有轆的轉椅，讓參加者更易轉動。工作員應該提醒參加者觀看實景旅程期間必須站在原地，不可隨處行走；

- 細閱器材處理守則，逐步打開 VR 眼鏡，再開啟應用程式，把手機放入眼鏡；

- 提醒參加者善用 Cardboard 右上角的按鈕來放大或轉頁；

- 為確保裝置的安全，提醒參加者在 VR 眼鏡和手機之間不應留下任何空間，而應把手機妥善地放置在中央，手指則要上和下承託著 VR 眼鏡；

- 每次觀看 VR 的時間都不宜太長，最好預早告知參加者會有暈眩的感覺（尤其使用 Google Cardboard 時），因為眼球聚焦，所以參加者每幾分鐘就要休息。部份 VR 眼鏡製造商甚至建議 13 歲以下兒童不應使用，而家長對子女觀看 VR 是否有損眼睛也感到擔憂，工作員宜留意。如果課堂內有較多參加者，可安排輪流使用 VR 眼鏡，大家就可有休息的時間。

## 3.6 總結：選取合適的平台

選取平台時，有幾點需要考慮。很多參加者因為較熟習自己的裝置而選擇自攜裝置（BYOD），所以平台的兼容性十分重要。此外，電子平台的輸入步驟非常繁複，多一個步驟，便多一重風險，因此愈少步驟的平台愈好。依筆者所見，目前 Google 的各個平台是最符合上述要求的。在《活用 Apps 探全球》中，筆者曾整合了不同的社區考察形式，以下是不同 VR 應用程式的對應形式：

主題帶動：知識存在於學習者之外

說教：
導賞（Field Excursion/ Guided Tour）
Google Expeditions

發現：
發現式觀察（Discovery and Observation）
Google Poly VR

學習論

累積學習一點點增加 / 被動接收
傳輸 / 引證 / 知識吸收（absorption）

學習者主動建構知識
發現 / 建構 / 經驗沉浸（immersion）

知識論

刺激：
訪問（Interview）
YouTube 或 Facebook VR Live

建構：
自由探索（Exploration）
Sites in VR、Google 街景

社區帶動：所有知識經由學習者個人或社會建構而成

　　此外，坊間有一些技術可以協助課堂管理，包括：鎖機、與工作員觀看的平板同步，若採用了這些技術，參加者反而只會專注於破解，而忽略應用 VR 的目的。下表可協助讀者比較不同的平台，從而按活動目的選用最合適者：

| 程式 名稱 | 參加者裝置的硬件 / 系統 | | | | | 用戶登入 | | | 展示形式* | | 處理媒介 / 功能 | | | |
| --- | --- | --- | --- | --- | --- | --- | --- | --- | --- | --- | --- | --- | --- | --- |
| | iPhone | iPad | And 手機 | And Tab | Web App | 工作員 | 參加者 | 收費 | 融入式 | 桌上型 | 照片 | 影片 | 直播 | 其他 |
| YouVisit | ✓ | ✓ | ✓ | ✓ | # | ✓ | | | ✓ | ✓ | | ✓ | | |
| Google Poly Tour Creator | | | | | ✓ | ✓ | | | ✓ | ✓ | ✓ | | | 植入街景 不用程式 |
| YouTube | ✓ | ✓ | ✓ | ✓ | # | ✓ | | | ✓ | ✓ | | ✓ | ✓ | |
| Facebook | ✓ | ✓ | ✓ | ✓ | | ✓ | ✓ | | | ✓ | ✓ | ✓ | ✓ | |
| CoSpaces Edu | ✓ | ✓ | ✓ | ✓ | ✓ | ✓ | ✓ | ✓ | ✓ | ✓ | | | | 自行搭建 |
| Expeditions | ✓ | ✓ | ✓ | ✓ | | | | | ✓ | ✓ | | | | 同步導賞 |
| Sites in VR | ✓ | | ✓ | | | | | | ✓ | ✓ | ✓ | | | 現成照片 |
| 360 Cities | | | | | | | | | ✓ | ✓ | | | | 預製相片 |
| EduVenture VR | ✓ | ✓ | ✓ | ✓ | | | | | | ✓ | ✓ | ✓ | | 答題 |

* 餘下的投影儀及模擬器兩個展示形式由於較難在社福及教育場景中實行，因此不在此列中。
# 只可用桌上型 VR，即只能用手指撥動。

# 參考資料

Clark, H., Duckworth, S., Heil, J., Hotler, D., Piercey, D., & Thumann, L. (2017). *The google cardboard book: Explore, engage, and educate with virtual reality.* California: EdTechTeam Press.

Neelakantam, S., & Pant, T. (2017). *Learning web-based virtual reality: Build and deploy web-based virtual reality technology.* Berkeley: Apress L. P.

# 實務篇 19條考察前後之VR路線

# V1 交通與可步行城市

## 執行須知

時間：20 分鐘　　　　裝置：手機（BYOD）、VR 眼鏡

▶ 準備

應用程式：YouTube

設置步驟：製作 YouTube 連結成 QR 碼，以便參加者用自己的手機開啟觀看

▶ 觀察內容及要點

參加者輪流用手機開啟以下的 YouTube 影片，觀看英國和澳洲的道路使用情況：

| 全景影片 | 引導要點 |
|---|---|
| 英國 愛丁堡（Edinburgh）youtu.be/fb3hpswHuEc <br> | - 汽車不可駛入電車路 |
| 澳洲 墨爾本（Melbourne）youtu.be/2hmLHTUEhqw <br> | - 汽車讓路給電車<br>- 汽車須泊於車軌 20 米外<br>- 汽車轉右時須靠左行車<br>- 電車上落客時，汽車司機必須停車 |

▶ 應用示例：主題及討論技巧

**適用時機**：F1. 中西區考察交通暢達後，探討全球城市的電車服務：

● 回憶（Remember）：汽車可否駛入電車路？駕車人士會否讓路給電車？

● 理解（Understand）：在十字路口，是否有汽車阻礙電車的情況？車輛能否超越電車？

● 應用（Apply）：你看見哪一方有道路使用優先權？行人、電車還是汽車？

● 分析（Analyze）：和香港電車最大的分別是？

● 創造（Create）：對香港的電車服務和交通規劃有何啟示？

▶ 變奏或其他選擇

● 其他 YouTube 短片：Gold Coast Tram Traffic Priority（0:00-15:00）👆youtu.be/glea0y5aNJA

# V2　印傭生活

## 執行須知

時間：20 分鐘　　　　　裝置：手機（BYOD）、VR 眼鏡

▶ 準備

應用程式：YouTube

設置步驟：製作 YouTube 連結成 QR 碼，以便參加者用自己的手機開啟觀看

▶ 觀察內容及要點

參加者輪流用手機開啟以下的 YouTube 影片，觀看印尼的生活環境，並作出比較和評鑑：

| 全景影片 | 引導要點 |
|---|---|
| 印尼的生活環境 ☝youtu.be/FLMYVjUBJeQ <br>  | - 觀察居住的社區環境 <br> - 觀察市集售賣甚麼特色食物 |
| 印尼的小學 ☝youtu.be/jA8DhwMuLyU <br>  | - 校園設施跟香港的有甚麼分別？ <br> - 學生的活動 |

## ▶應用示例：主題及討論技巧

**適用時機**：F2. 灣仔區考察印傭的生活前，豐富學生對印尼的認識，以便構思及準備訪問題目：

● 回憶（Remember）：短片中的居住環境、社區和校園有何特徵？

● 分析（Analyze）：與香港的生活最大的分別是甚麼？

● 理解（Understand）：你看見片中女性的衣著是怎樣的？

● 應用（Apply）：你對印尼的生活有何新的想像？

● 創造（Create）：稍後考察時你將會訪問印傭，有哪些問題想更深入的了解？

## ▶變奏或其他選擇

● 如未能安排考察，可觀看外傭每逢周日在中環聚集的情景，如：⚲youtu.be/e-_qkf-ndNU

● 完成考察後，可用 Co-Spaces 來為家中的傭工構建一個宜居及有尊嚴的工人房。

## 執行須知

**時間**：20 分鐘　　　　　**裝置**：手機（BYOD）、VR 眼鏡、iPad

### ▶ 準備

**應用程式**：Poly Tour Creator、Google 表格（核取方塊格 Checkboxes Grid）

**設置步驟**：見理論篇「3.2 分享 VR（Sharing）」。

### ▶ 觀察內容及要點

1. 每組派一代表，先用 iPad 開啟 Google 表格：🖰goo.gl/L64MQn，按所列標準評鑑剛才遊樂場考察的共融程度：

2. 開啟以下 Google Poly 的教件：🖰goo.gl/onsWNZ

3. 參加者輪流觀看不同地區的遊樂場設施，並由其中一位代表在 iPad 上繼續作評鑑：

| 全景照片 | 引導要點 |
|---|---|
| | **西雅圖遊樂場**<br>- 能否供不同年齡者參與？<br>- 挑戰的難度有何變化？<br>- 地面設計成迷宮<br>- 輪椅可進入的氹氹轉 |
| | **Magical Bridge 遊樂場**<br>- 不同的上落滑梯方式<br>- 輪椅坡道 |

- 符合各個共融標準

- 輪椅可進入的旋旋轉
- 不同種類的旋旋轉
- 輪椅坡道

台中文英兒童公園
- 與大樹融合的樹屋
- 沙池刺激觸覺
- 供清潔的設施

台北舞蝶共融遊戲場
- 不同難度的攀爬網
- 攀爬網下木削片的地面，可以降低衝擊
- 滾輪滑梯
- 具安全帶的共融旋旋轉
- 輪椅坡道

- 傳聲筒刺激甚麼感官？
- 手指迷宮刺激甚麼感官？
- 轉盤刺激甚麼感官？
- 大自然元素
- 社交遊戲的造型小屋

- 讓照顧者直接推輪椅上鞦韆
- 輪椅鞦韆使用指引

- 尿布式鞦韆
- 鳥巢式鞦韆
- 安全座椅式鞦韆

悉尼達令港公園
- 難度如何？適合甚麼年紀？
- 地面的設計如何減低受傷機會？

- 有何玩水裝置？
- 有何防滑設計？

## ▶應用示例：主題及討論技巧

**適用時機**：F3. 東區考察鰂魚涌遊樂場後，了解世界各地優秀的共融遊樂場例子，再構思如何在香港應用：

- 評鑑（Evaluate）：不同地區的兒童遊樂場能否達到以下的標準？

  □ 無障礙，照顧個別需要

  □ 清晰及多元化的元件，發揮創意

  □ 挑戰難度分層漸進，不同能力者皆可挑戰自我

  □ 靈活性：可改變及移動的元件

  □ 多感官刺激兒童發展

  □ 顧及不同年齡兒童的需要，包括家庭

  □ 人與植物近距離接觸與互動

  □ 混合人工、現代文化與自然界元素的環境和物件

- 創造（Create）：對香港遊樂場的設計有何啟示？

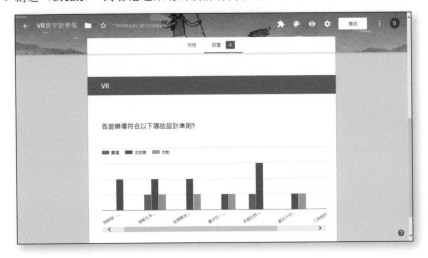

## ▶ 變奏或其他選擇

● 用 YouTube 觀看其他地區的遊樂場：

■ VLOG Kids Playground Fun Play Place 🖱youtu.be/V3wxloMJly8

■ Playground from USA 🖱youtu.be/3MV6d86Rpkw

■ 新加坡 Seletar Aerospace Park 🖱youtu.be/qpi8W-jpAQo

● 用 Co-spaces 建構另一個兒童遊樂場，例如：🖱cospac.es/edu/1ijk

● 若工作員希望引導參加者了解其他國家兒童權利的實踐情況，可開啟 Google Expeditions 之教件：「Children's Village Thailand」。

2016 年，在一群藝術家 Art Dreamers 的支持和近 50 位小朋友及青年義工的參與下，本會的南葵涌青少年綜合服務中心完成了「海洋生物多樣性教育廊」的海洋壁畫。這是一幅關於可持續發展的壁畫，除了帶出海洋生物多樣性的訊息外，壁畫用上了當代綠色建築設計的標準——使用水溶性、非揮發性有機化合物（water-soluble non-VOCs）牆漆。水中珊瑚海草的設計刻意加入了印度手繪 Henna 圖案，是由一位少數族裔青年一筆一筆繪畫上去的。這幅壁畫不只屬於中心，更是屬於社區。在中心建築外欣賞這壁畫，猶如置身在水族館中，而從可持續建築的角度，建築設計從來都是屬於公眾的。

教育廊採用了擴增實境的互動教學元素，參加者只需用流動裝置開啟 LayAR 程式，並把相機鏡頭照向壁畫上不同的海洋生物，就會有不同的圖文或影片介紹，讓人反思如何可持續使用生物資源。

時間：30分鐘　　　　　裝置：手機（BYOD）、VR 眼鏡

## ▶準備

應用程式：LayAR

設置步驟：詳見 🖰 layar.com/support/

## ▶觀察內容及要點

參加者輪流用手機掃描以下圖像，再思考海洋與人類的關係。

| 部份重點觀察項目 | 引導要點 |
|---|---|
|  | - 觀看不同的魚類和生物及其介紹影片 |
|  | - 海洋垃圾的影響 |

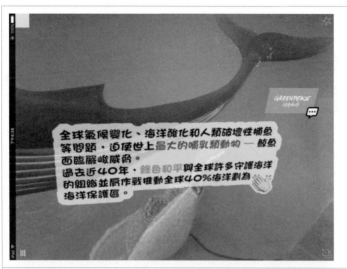

- 氣候變化、海洋酸化和過度捕
  撈對鯨魚的威脅
- 不同組織的工作

- 香港中式宴會的菜式經常供應
  大量進口的食用珊瑚魚
- 過度捕撈、集中捕捉幼魚、使
  用炸藥和其他破壞力強的漁具
  等漁業作業方式，對生物多樣
  性的危害

## ▶應用示例：主題及討論技巧

**適用時機**：F4. 南區考察捕魚業情況前，可到此中心參觀及認識深海生物：

● 回憶（Remember）：有何海洋生物是從未見過的？哪一種生物最吸引你的注意？

● 理解（Understand）：甚麼是生物資源？

● 應用（Apply）：過度開發生物資源有何影響？
　　　　　　　　　海洋生物的生存環境現在面臨甚麼危機？

● 分析（Analyze）：這些危機為何出現？與捕漁業有何關係？

詳細資料參考：🖱 susdev.org.hk/tc/paper.html

## ▶變奏或其他選擇

● 為了讓參加者更深入認識海底的情況，工作員可在考察前觀看國家地理頻道的 VR 紀錄片：

🖱 youtu.be/v64KOxKVLVg

● 工作員可運用 Google Expeditions 的 AR 教件，如：「Corals（Part 2）」；

● 若工作員希望引導參加者觀察海底世界，可開啟 Google Expeditions 導覽以下教件：

- 「Underwater Caribbean」；

- 「Life in the Deep Ocean」。

# V5 光污染

## 執行須知

時間：20 分鐘　　　　裝置：手機（BYOD）、VR 眼鏡

▶ 準備

應用程式：YouTube

設置步驟：製作 YouTube 連結成 QR 碼，以便參加者用自己的手機開啟觀看

▶ 觀察內容及要點

參加者輪流用手機開啟以下的 YouTube 影片，觀看不同地方的夜空：

| 全景影片 | 引導要點 |
|---|---|
| 東京市區晚上 ⚲ youtu.be/c3j3X6rWp_c <br> | - 觀察馬路兩旁大廈的燈光<br>- 觀察市區內廣告的燈光 |
| 晚上星空 ⚲ youtu.be/MvbZpp0Upk8 <br> | - 觀察夜空環境<br>- 觀察天上的星星 |

## ▶ 應用示例：主題及討論技巧

**適用時機**：F5. 油尖旺區考察光污染後，跳出香港，看看東京的情況：

● 理解（Understand）：短片中的兩個夜空有何分別？夜間燈光對生活有甚麼影響？

● 分析（Analyze）：為甚麼兩個夜空的星星數目差異這麼大？

● 應用（Apply）：東京市區晚上的情況，與香港市區夜景有甚麼共通點？

● 評鑑（Evaluate）：你認為哪一個環境更適合人類居住？為甚麼？

## ▶ 變奏或其他選擇

● 觀察光污染對於天文學的研究，如 YouTube：光污染與天文觀察的關係

🖱 youtu.be/9lC-pK9Mi54

## 執行須知

| | |
|---|---|
| **時間**：20 分鐘 | **裝置**：手機（BYOD）、VR 眼鏡 |

## ▶ 準備

**應用程式**：YouTube

**設置步驟**：製作 YouTube 連結成 QR 碼，以便參加者用自己的手機開啟觀看

## ▶ 觀察內容及要點

參加者輪流用手機開啟以下的 YouTube 影片，觀看不同類型的回收工場：

| 全景影片 | 引導要點 |
|---|---|
| 中國回收工場 ☞ youtu.be/5cn5sucdW84 <br> | - 觀察工廠內的環境<br>- 觀察廢物的回收程序 |
| 電子廢物回收 ☞ youtu.be/EMZfNiX55q4  | - 觀察工廠內的環境<br>- 觀察廢物的回收程序 |

## ▶ 應用示例：主題及討論技巧

**適用時機**：F6. 深水埗區考察減廢回收後，跳出香港，看看中國大陸的情況：

● 回憶（Remember）：廢物回收的處理程序是怎樣的？

● 理解（Understand）：短片中各項的廢物來自何處？

● 分析（Analyze）：為何短片中兩個回收工場的工作環境有這麼大的差異？

● 評鑑（Evaluate）：若電子廢物未有依據片中所示的環境和程序處理，對自然生態會有何影響？

● 創造（Create）：短片中回收場的規模能否適用於香港？

## ▶ 變奏或其他選擇

● 若工作員希望逐步引導參加者觀察回收業工廠的環境，可開啟 Google Expeditions 中「What happens to your trash and recyclables?」的教件進行導賞，參考連結：

🖱 goo.gl/BRmVgT

## 執行須知

時間：20 分鐘　　　　裝置：手機（BYOD）、VR 眼鏡

### ▶準備

應用程式：YouTube

設置步驟：製作 YouTube 連結成 QR 碼，以便參加者用自己的手機開啟觀看

### ▶觀察內容及要點

參加者輪流用手機開啟以下的 YouTube 影片，觀看不同城市的墟市，並作出比較和評鑑：

| 全景影片 | 引導要點 |
|---|---|
| 香港九龍城潑水節 2016 ⏎youtu.be/HPKbTdb_sNI <br> | 比較：<br>- 參與人數<br>- 參與者的族裔及其互動情況<br>- 參與者的情緒 |
| 泰國芭堤雅潑水節 2016 ⏎youtu.be/y-6XFE99Zf8 <br> | |

## ▶ 應用示例：主題及討論技巧

**適用時機**：F7. 九龍城區考察泰國人的生活後，再以 VR 到泰國認識潑水節的習俗：

- 回憶（Remember）：你觀察到參與者在做甚麼？有何儀式？
- 理解（Understand）：你留意到參與者的情緒如何？
- 分析（Analyze）：泰國和香港的潑水節有何異同？
- 評鑑（Evaluate）：潑水節何時進行？有何特別意義？
- 應用（Apply）：觀察過後你對泰國人有何新的認識？
- 創造（Create）：我們應以甚麼態度去面對不同的文化？

## ▶ 變奏或其他選擇

- 觀看更多不同的潑水節，如搜尋網上相關的 YouTube 影片；
- 考察時與受訪的街坊或商戶一起觀看，並即場訪問其感受，以進一步認識和感受在地的泰國文化。

**執行須知**

時間：20 分鐘　　　　　裝置：手機（BYOD）、VR 眼鏡

▶ **準備**

應用程式：YouTube

設置步驟：製作 YouTube 連結成 QR 碼，以便參加者用自己的手機開啟觀看

▶ **觀察內容及要點**

參加者輪流用手機開啟以下的 YouTube 影片，觀看垃圾的最後去向：

| 全景影片 | 引導要點 |
|---|---|
| 堆填區垃圾山 ☞ youtu.be/85sJ_neZp9o <br> | - 觀察堆填區的衛生情況<br>- 觀察當地居民於堆填區上的活動<br>- 觀察堆填區的環境特徵 |
| 海洋塑膠廢物 ☞ youtu.be/02lWWnMQi94 <br> | - 觀察岸上垃圾的種類<br>- 觀察雀鳥口銜的東西<br>- 觀察雀鳥居住的環境 |

▶ 應用示例：主題及討論技巧

**適用時機**：F8. 黃大仙區考察塑膠回收後，再以 VR 認識堆填區及海洋廢物的情況：

● 回憶（Remember）：你看見最多的廢物是甚麼？

● 理解（Understand）：短片中的堆填區及海洋有甚麼特點？

● 應用（Apply）：大量塑膠廢物對於雀鳥的自然生態有甚麼影響？

● 評鑑（Evaluate）：你認為第二條短片中哪一個環境更適合雀鳥居住？這環境容易修復嗎？

● 分析（Analyze）：為甚麼堆填區及海洋會有大量的塑膠廢物？

● 創造（Create）：日常生活中，你可如何努力去減少製造塑膠廢物？

▶ 變奏或其他選擇

● 觀察堆填區上放牧的乳牛，思考這種放牧方式對人類健康會造成甚麼影響，如．Cows Grazing

On Massive Bali Landfill ⏻ y2u.be/18zgFABHBRI

## 執行須知

**時間**：20分鐘　　　　**裝置**：手機（BYOD）、VR眼鏡

### ▶ 準備

**應用程式**：YouTube

**設置步驟**：製作 YouTube 連結成 QR 碼，以便參加者用自己的手機開啟觀看

### ▶ 觀察內容及要點

參加者輪流用手機開啟以下的 YouTube 影片，深入了解公平貿易下小農的生活：

| 全景影片 | 引導要點 |
|---|---|
| 咖啡豆公平貿易 🔗 youtu.be/LCmU-uK93wc <br> | - 觀察咖啡豆的種植環境<br>- 觀察小農的居住環境<br>- 觀察小農在公平貿易幫助下的生活 |
| 巴拿馬香蕉公平貿易 🔗 youtu.be/webhgzgT4dU <br> | - 觀察加工場的衛生情況<br>- 觀察加工場的人手分配、機器及環境 |

## ▶應用示例：主題及討論技巧

**適用時機**：F9. 觀塘區考察超級市場內的公平貿易商品後，再以 VR 認識小農的故事：

● 回憶（Remember）：這些公平貿易的農田有甚麼特點？

● 理解（Understand）：這些公平貿易的農田如何改善當地居民的生活？

● 分析（Analyze）：公平貿易農田與一般農田有何分別？

● 評鑑（Evaluate）：你認為公平貿易對小農的生活有何好處？

● 創造（Create）：了解小農的情況後，對你的消費選擇有何影響？


## ▶變奏或其他選擇

● 因訪問內容是英文，工作員要因應參加者的英語水平而作即時傳譯；

● 工作員可引導參加者觀看 Google Expeditions 之教件：「Growing Coffee, and Hope, in Eastern Congo」，以了解小農種植咖啡豆的流程；

● 比較更多不同的負責任生產工業，用 Google Expeditions 開啟「Responsible Manufacturing: Subaru of Indiana」，參考連結：👆 goo.gl/q2ryRd

## 執行須知

**時間**：20分鐘　　　　**裝置**：手機（BYOD）、VR 眼鏡、iPad

---

## ▶ 準備

**應用程式**：Poly Tour Creator、Google 表格（核取方塊格 Checkboxes Grid）

**設置步驟**：見理論篇「3.2 分享 VR（Sharing）」

## ▶ 觀察內容及要點

1. 每組派一代表，先用 iPad 開啟 Google 表格，按所列標準評鑑剛才考察的設施是否符合通用設計的標準。

2. 開啟以下 Google Poly 教件：🖰goo.gl/HrXHxJ

3. 參加者輪流觀看東京和首爾這兩個全球城市的育兒設施，並由一位代表在 iPad 上繼續按通用設計的標準來評鑑：

| 全景照片 | 引導要點 |
|---|---|
|  | - 在東京的商場中的育嬰室<br>- 方便借用的嬰兒手推車<br>- 供輪椅及嬰兒車優先使用的電梯 |
|  | - 母親專用的哺乳室<br>- 男性可進入的雙親哺乳室 |

- 育嬰室內男女的數量
- 溫水、熱水、微波爐等
- 獨立的哺乳室
- 不同高矮的座椅
- 不同大小的嬰兒座椅
- 多個換尿布的床位
- 足夠空間供嬰兒車出入

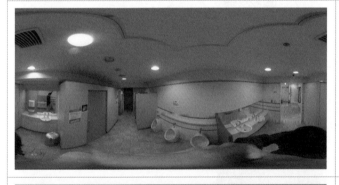

- 適合男童使用的小便斗
- 獨立的換尿片空間

- 在首爾的商場，用布簾分隔的哺乳空間

- 在首爾地鐵中，供孕婦專用的車廂座位
- 特別用顏色標示，長期留空

## ▶應用示例：主題及討論技巧

**適用時機**：F10. 西貢區考察商場是否兩性平等後，再以 VR 看外國城市的商場設施：

● 評鑑（Evaluate）：不同全球城市（東京、首爾）部份照片的設施，有多大程度能達到以下 UNICEF 及衛生署的母乳餵哺友善的標準？

　　□ 尊重選擇餵哺地點的決定，不會限制媽媽的自由

　　□ 不會要求到洗手間餵哺

　　□ 不受打擾（如：不會要求她遮蔽身體）

　　□ 較具私隱

　　□ 環境舒適

　　□ 向有需要的母親提供協助（如：向其他顧客解釋母親餵哺孩子的需要）

● 理解（Understand）：與外國比較，香港現行設施的最大分別是甚麼？

● 回憶（Remember）：其他全球城市又有何設施方便不同育兒者的需要？

● 應用（Apply）：作為全球城市，香港可如何仿效外地的設施，而變得更方便母乳餵哺？

## ▶變奏或其他選擇

● 邀請參加者用 Co-Spaces 程式，為剛參觀的商場自行改建一個母乳餵哺友善的育兒設施。

## 執行須知
**時間**：20分鐘　　　　**裝置**：手機（BYOD）、VR眼鏡、iPad

## ▶ 準備

**應用程式**：Poly Tour Creator、Google 表格（核取方塊格 Checkboxes Grid）

**設置步驟**：見理論篇「3.3 直播 VR（Streaming）」

## ▶ 觀察內容及要點

1. 每組派一代表，先用 iPad 開啟 Google 表格，按所列標準評鑑剛才考察的單車友善程度。

2. 開啟以下 Google Poly 教件：🖰goo.gl/6yZWg5

3. 參加者輪流觀看不同全球城市的單車設施，並由一位代表在 iPad 上繼續評鑑其友善程度：

| 全景照片 | 引導要點 |
|---|---|
|  | 台北 U Bike<br>- 用悠遊卡取車<br>- 指定地點泊車<br>- 有蓋的停泊處 |
|  | 台北 U Bike<br>- 行人優先路牌<br>- 單車徑 |

| | |
|---|---|
|  | 台北西門町<br>- 馬路上的單車徑 |
|  | 台北商場<br>- 室內的直立式泊車位 |
|  | 台北捷運<br>- 泊車位 |
|  | 東京馬路<br>- 單車徑<br>- 誰有道路使用的優先權？ |

| | |
|---|---|
|  | 東京駐車場<br>- 能否鎖車？<br>- 附近有哪些主要建築物？ |
|  | 東京駐車場<br>- 能否鎖車？<br>- 位置如何？ |

## ▶應用示例：主題及討論技巧

**適用時機**：F11. 沙田區考察單車友善社區後，再比較其他城市的單車設施：

● 評鑑（Evaluate）：不同全球城市（台北、東京）的單車設施有多達到以下的友善標準？

□ 設置單車租賃、維修服務

□ 設立室內外的停泊處與鎖車配套

□ 公共交通工具能運載單車

□ 鄰近商業、住宅、學校有單車配套，鼓勵以單車代步

□ 清晰單車標示的單車徑

□ 單車專用道設置單車安全指示和設備

□ 配備單車優先的過路系統

□ 具讓車手聚集的休閒用地（如：公園、餐廳）

● 理解（Understand）：香港現行的措施與外國的分別是甚麼？

● 回憶（Remember）：其他全球城市又有何措施鼓勵市民利用單車代步？

● 應用（Apply）：作為全球城市，香港可如何仿效外地的措施，鼓勵市民更安心騎單車代步？

## ▶變奏或其他選擇

● 用 YouTube 觀看其他城市的單車設施：

■ 台中市后豐鐵馬道（3:40-8:05）🖰 youtu.be/piO7X-HqRtA

■ 丹麥哥本哈根單車遊 🖰 youtu.be/cUDcVr27UNc

# V12 街市與墟市

## 執行須知

**時間**：20 分鐘　　　　**裝置**：手機（BYOD）、VR 眼鏡、iPad

## ▶ 準備

**應用程式**：YouTube、Google 表格（核取方塊格 Checkboxes Grid）

**設置步驟**：用 YouTube 製作 QR 碼，以便參加者用自己的手機開啟觀看

## ▶ 觀察內容及要點

參加者輪流用手機開啟以下的 YouTube 影片，觀看不同城市的墟市，並作比較和評鑑：

| 全景影片 | 引導要點 |
|---|---|
| 香港見光墟 ☝ youtu.be/F37uEbURYgY <br> | - 觀察售賣的物品<br>- 觀察檔主的年齡與性別 |
| 台北寧夏路夜市 ☝ youtu.be/iUBpHp8jHZQ <br> | - 觀察售賣的物品／服務<br>- 觀察衛生情況<br>- 觀察光顧的客人 |

首爾主要的街市　⌁ youtu.be/OPUmMdQPL20

- 觀察售賣的物品／服務
- 觀察衛生情況
- 觀察光顧的客人

## ▶ 應用示例：主題及討論技巧

**適用時機**：F12. 考察大埔區的街市和墟市後，探討其他全球城市的墟市：

● 回憶（Remember）：這些夜市吸引了誰來光顧？

● 理解（Understand）：這些夜市如何滿足了當地居民的需要？

● 分析（Analyze）：外地的市場和香港有何最大的分別？

● 評鑑（Evaluate）：你認為香港是否都值得有這些墟市存在？有何利弊？

● 應用（Apply）：政府和民間分別要扮演甚麼角色？

● 創造（Create）：香港可如何借鑒外地的例子，來訂定墟市的政策？

## ▶ 變奏或其他選擇

● 觀察更多不同的台灣夜市，如：台北饒河夜市：⌁ youtu.be/RJnfAWmlmp8

● 專題研習建議：

　■ 邀請參加者在農曆新年時，到旺角朗豪坊的夜市，拍下這些小販的歷史印記；

　■ 邀請參加者用 Co-Spaces 程式自行建構墟市的環境。

# V13　公共空間：3D 倡議方案

《活用 Apps 探全球》中路線 F13. 考察上水的公共空間，目的是讓參加者成為兼具「全球視野，在地行動」的世界公民，以下的教案會邀請他們觀察其他全球城市中的公共空間是否達標，從而自行倡議一個更理想的公共空間方案，作為公民的行動。

## ▶ 程序設計及執行須知

| 時間 | 目標 | 程序 | 準備 |
|---|---|---|---|
| 10 分鐘 | 導入主題 | **導入**<br>讓參加者輸入字雲，去說明一個理想的公共空間應有甚麼元素 | PollEverywhere<br>Word Cloud |
| 10 分鐘 | 重溫理想的公共空間元素 | **短講**<br>重溫《活用 Apps 探全球》P.179 中理想公共空間的四個標準 | |
| 30 分鐘 | 認識其他全球城市中 | **全球城市公共空間 VR 之旅**<br>分組在 Google 街景，搜尋東京、首爾、新加坡、倫敦、紐約等城市中符合以上標準的公共空間。完成後，分享予全組知道 | Google Street View<br>（平板電腦） |
| 15 分鐘 | 倡議方案 | **畫草圖**<br>在剛才北區中考察過的公共空間，提出一個重建或改善的方案，並用理想公共空間的四個標準來評分 | A4 紙 |
| 60 分鐘至兩星期 | 倡議方案 | **Co-spaces**<br>用 Co-spaces 程式把方案的模型搭建出來 | Co-spaces |

## ▶ 教學經驗反思

此教案曾在全級中一學生的生活與社會課堂推行，參加者分三人一組完成習作。過程中有不同學校的通識教師觀課，他們在事後的分享會中提到，導入環節中用 Poll Everywhere 的「字雲」，能於短時間內收集學生對理想公共空間的看法，而且由學生的生活經驗和角度出發，是十分適用的工具，教師一般都能獨自應付。

參加者可以自由調整空間中物件的尺寸，不過，他們的設計有時可能未必符合現實或不成比例。今次的教學是先把公共空間中的馬路預先設定在 Co-spaces 中作範本供參加者開啟，更預先放置一個人，讓參加者可以參考其大小，以調整空間中物件的比例。

對很多人而言，虛擬實境的 3D 空間是一個新的場域，參加者須要花點時間才可運用 Co-Spaces 這平台來實現其意念，尤其是初中青少年，未必能得心應手地應用。在過程中，工作員可根據不同的導引工作紙，先用 2D 的平面圖來引導參加者表達和整理腦海中的意念，例如開始時的地圖、每個設施的仔細佈局等。對小學或初中的參加者而言，可先用 Cardboard 相機拍下街景，供參加者在

有限的空間中，加入 CoSpaces 平台的設施；對高中或大專的參加者，則可由零開始，給予一個無限的空間。因此，宜在活動過程中安排桌子，以方便參加者擺放平板及繪畫草圖。

部份參加者因未能充份掌握平台的功能，以致無法確實地利用平台去表達他們的意念。其實，工作員可於事前先行講解及示範，讓參加者於電腦室學習 CoSpaces 的基本操作、使用方法及製作技巧。參加者亦可以自行在家中複習軟件，做到熟能生巧。工作員還可鼓勵他們多些運用網上資源，例如：在 Google 或 YouTube 輸入他們在技術上遇到的疑難，來尋求解決方法。另一方面，工作員也可於事後收集參加者在製作過程中常遇到的問題，然後拍成短片或製作筆記，供參加者使用。CoSpaces 平台對於電腦處理器和網速均有一定的要求，部分參加者家中的電腦未必能應付此要求，因此學校或中心宜設置一兩部高性能電腦，供參加者在課後使用。

是次內容主要運用民間團體的公共空間標準作為討論的基礎，對初中學生而言，這樣的水平是合適的。至於高中或大專生，則可讓他們評價這些標準是否合理，有沒有其他補充的標準。此外，在設計過程中，工作員也要與參加者討論現實中的限制，例如其設計的公共空間是否配合城市規劃的相關條例，若不符規定時，值得討論堅持原本的方案還是要有適量的妥協和調整，令其方案有更大機會落實，以免參加者因期望過大而失望及氣餒。

參加者完成方案後舉行展覽，讓其他同學和區內街坊用 VR 觀看其建議，這也是一個把理想公共空間進行社區教育的過程，同時可聽取用家的意見，作出調整，隨後才再邀約有關當局（如：官員、區議員）與參加者對話。

參與的教師認為，Co-spaces 能讓參加者發揮創意，在平台上找來很多不同的物件放到設計的空間中，有很多設計甚至是意想不到的。參加者能倡議自己的設計，也是一個充權面向的介入。其實不只公共空間，兒童遊樂場、傷健無障礙或長者友善社區、宜居房屋、寵物友善、單車友善社區等所有和城市規劃有關的議題，都適合用 Co-spaces 來提出建議書。

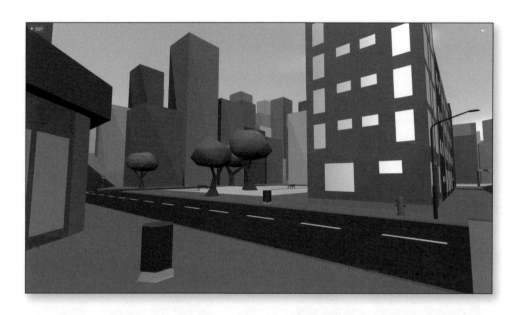

**鳴謝**：聖公會聖馬利亞堂莫慶堯中學李浩然老師聯合開發此教案。

# V14 劏房現場：VR 直播訪問

《活用 Apps 探全球》中路線 F14. 考察天水圍區基層的生活狀況，其中有到公共屋邨進行家訪的環節。為了讓參加者認識香港近年另一基層住屋問題——劏房，因此考察後，可安排參加者以 VR 直播訪問方式進行虛擬實景考察。

## ▶ 程序設計及執行須知

| 時間 | 目標 | 程序 | 準備 |
|---|---|---|---|
| 20 分鐘 | 導入：香港貧富差距的數據及現況 | **問答比賽：**<br>香港貧富差距的數據 | Kahoot |
| 15 分鐘 | 引起動機：讓參加者對受訪者的生活有初步的想像及好奇心 | **5 分鐘生活圈**（圖 1、圖 2）<br>參加者<br>學生用 Cardboard 眼鏡觀看預先錄製的受訪者附近社區生活圈的 VR 影片（約 5 分鐘）：<br>1. 衣（購物）、食（飲食）、行（交通）方面，觀察並數算統計<br>2. 以眼、耳、口、鼻、手來體會置身現場的感覺 | YouTube<br>Cardboard |
| 20 分鐘 | 為訪問作準備 | **訪問準備**<br>參加者分 3 組，就以下其中一個題目（住屋、就業、福利），在 Padlet 牆（圖 3）上預先構思訪問問題。<br>同時，另一位同工在劏房戶中同時閱讀學生在 Padlet 牆上的提問，並與受訪街坊準備。 | Padlet |
| 45 分鐘 | 深入認識劏房戶的生活 | **直播訪問**<br>• 把 Insta One 的全景攝錄機架設在劏房中央；<br>• 把 360 影片用 Facebook 直播串流技術廣播，讓參加者在留言中即場輸入問題，而街坊即時回應。 | Facebook<br>參加者準備耳筒 |
| 20 分鐘 | 反思香港貧富差距下的生活素質 | **反思**<br>參加者在 Padlet 寫下反思，如受訪者的家與自己的家的最大分別 | Padlet |

圖 1：學生在 Cardboard 內用 YouTube 觀看的畫面

圖 2：用 Cardboard 眼鏡猶如置身現場

圖 3：用 Padlet 協助學生準備訪問題目

圖 4：街坊看見問題可即時回答

圖 5：學生主動找視點

## ▶ 教學經驗反思

整個過程十分互動，尤其是：第一，若學生在訪問期間想跟進問題，可馬上在留言欄中鍵入，街坊看見後可即場回應（圖 4）；第二，學生可用 Facebook 的表情符號即場回應感受，即使平日表達能力較弱、較沉默的學生，甚或是特殊學習需要（SEN）學生，也較易參與；第三，若街坊提到劏房單位中某些角落，學生只要連同平板或手機原地自轉，即可用 VR 去看街坊提及的位置（圖 5），因此訪問的主持人可多引導街坊談及並指出單位中不同的角落，讓此功能得到最大的發揮。

《活用 Apps 探全球》中，筆者曾提及考察重視運用眼、耳、口、鼻、手這五感。VR 考察有一個先天限制——就是只能用視覺和聽覺作主要的經驗，至於到現場嗅嗅空氣中的味道、親身步行上唐樓的喘氣感覺，以至觸摸樓梯扶手是否清潔等，VR 都是無法取代實地考察的。因此，工作員在「5 分鐘生活圈」中強調以此五感來體會現場的感覺。

這個教學案例的創意在於有機結合了「**VR**」和「**直播**」這兩個元素。

由於劏房的空間十分有限，不可能容納全班數十人一起進行考察。過去，教師若要處理劏房的議題，非常困難，一則由於如果只是播放電視影片，學生的臨在感和自主性會不足，難以帶來情意互動；二則若把學生分組上門實地考察，人手比例及安全等考慮會令人卻步。劏房的擠迫環境實在難以容納多位同學同時入內作考察學習及與戶主交流。「**VR**」的科技克服了地域限制，有助教師帶領學生參觀和考察以前較難安排的地點，同時又具有極強的真實感，有助消除安排交通、費用、安全／責任、天氣、時間、人多擠迫、人手比例等限制，讓從前不可能的事變得可能。

「**直播**」則打破了預先錄播片段中學生感到單向吸收的流弊，其最強的優勢在於留言中的互動功能，讓學生即場提問、街坊即時回應。而且社交媒體是學生熟悉的溝通工具，把社交媒體轉化成學習工具，別具時代意義。

對**學生**而言，傳統的平面影片是由攝影師決定拍攝角度。而 VR 直播，學生可以即時因應街坊的分享，主動地決定自己的視點及觀察角度，自行決定觀看甚麼，這是科技賦予的新功能，變相增強學生的自主性，讓他們更有動機學習，提升自主學習（self-directed learning）。此外，學生在 Padlet 上構思、記錄提問，直播時就可因應他人的提問再作跟進，這提升了學生小組的協作學習（collaborative learning）。最後，由於影片沒有死角，學生猶如置身劏房現場的環境，對他們會有很大的衝擊，這種真實情境學習（authentic/situated learning）有效加強了學生與議題的情意互動，使他們更專注於學習，尤其是學生看見劏房的實況，會有更深刻的感受，從而對貧富差距及勞工議題有更切身的反省。

對**教師**而言，儘管要重新適應當中的教學彈性，讓學生自由地選擇觀察點，而非照單全收教師所安排的教學流程，這也是值得的。此外，VR 直播是跨地域的，可安排全級學生在不同的課室中同步進行。事前只需要求合作的民間團體安排一戶街坊，即可服務全級數以百計的學生，令教學效果大大提升，還可促成任教不同班別的教師共同備課，從而有更多同儕學習及交流的機會。此外，直播的過程也可以錄影保存，供以後使用，令教案的內容可持續充實及更新。

與我們合作的團體也表示，有些基層街坊對著攝錄機接受正規的採訪時，說話會變得緊張，而做直播則更難以說話。VR 的鏡頭較細，街坊也不太認識這類鏡頭，所以會更易在鏡頭前暢所欲言。

技術上，由於每部手機接收直播訊號的速度不一，工作員宜請參加者自備耳筒，以便聽到街坊的分享。如果耳筒數量不足，亦可請全體參加者把手機調至靜音模式，並調高活動室擴音器的音量，讓全體一同觀看。此外，平台方面，如欲讓參加者對劏房環境更有臨場感，可選用 YouTube 把直播串流播放，以及搭配 Cardboard 使用；又或如欲讓小組共同提出問題和回應，則可選用 Facebook 直播，讓幾位參加者在平板上共享並用手指撥動畫面。此外，為了審查會否觸犯色情或暴力等條款，這些平台都會有時間延誤（time-lag）30-60 秒不等，因此參加者鍵入完問題，街坊會在一分鐘後才回應，不過這個時間差距卻減低了串流斷線的危機。

由於生活與社會科的 29 個學習單元難以在初中三個學年內全部教授，本教案一次過整合數個單元的課題，包括：單元 12 香港公共財政、單元 14 香港勞工市場、單元 23 縮減貧富差距及單元 27 全球城市，有助教師提升教學效能，並與實地考察互相補足。

參考影片：

劏房戶的 5 分鐘生活圈：🖱goo.gl/AZFHA3　　　住戶情況：🖱goo.gl/ur3Y1A

本教案榮獲 2018 年香港大學電子學習實驗室頒發的國際電子教學優異獎。

**鳴謝**：聖公會聖馬利亞堂莫慶堯中學李浩然教師、關注草根生活聯席鄭有誠先生聯合開發此教案。

執行須知

**時間**：20分鐘　　　　**裝置**：手機（BYOD）、VR 眼鏡、iPad

▶ **準備**

**應用程式**：Google Poly Tour Creator、Google 表格（核取方塊格 Checkboxes Grid）

**設置步驟**：見理論篇「3.2 分享 VR（Sharing）」。

▶ **觀察內容及要點**

1. 每組派一代表，先用 iPad 開啟 Google 表格，按所列標準評鑑剛才考察的設施是否符合通用設計的標準；

2. 開啟以下 Google Poly 的教件；

3. 參加者輪流觀看全球城市東京的無障礙設施，並由一位代表在 iPad 上繼續按通用設計的標準作評鑑：

| 全景照片 | 引導要點 |
|---|---|
|  | - 供不同人使用的座椅和空間 |
|  | - 優先座供不同需要的人使用<br>- 輪椅專用空間 |

- 明確的指示
- 失明人士引路磚

- 較低的按鈕，方便輪椅人士
- 扶手以及較大字體，方便長者
- 凸字及發聲系統，方便視障人士

- 用按鈕開趟門
- 清潔手術造口的專用水盆
- 供照顧者更換尿布的床
- 放置在不同高度的乾手機及廁紙

- 多功能洗手間的標誌說明，供不同人士使用

- 設在成田國際機場的專用室，供工作中的導盲犬使用

## ▶ 應用示例：主題及討論技巧

**適用時機**：F15. 屯門區考察無障礙社區後，看看東京的無障礙有何特色：

● 評鑑（Evaluate）：不同全球城市（東京）的設施有多大程度能達到以下的通用設計標準？

　　□ 公平性：所有人都能使用，不會造成傷害

　　□ 彈　性：不同人均能因應喜好及能力選擇不同的使用方法

　　□ 直覺性：簡單易懂地使用，不需專門經驗、知識、特別語言

　　□ 明顯性：針對不同感官（視力／聽力）弱能人士而調整溝通方式

　　□ 容錯性：於錯誤發生時出現警告或保護措施，降低危險

　　□ 省力性：以自然姿勢，有效、舒適及不費力地使用，並減少重複的動作

　　□ 空間性：不論體型、姿勢或移動性，提供充足空間讓人使用

● 理解（Understand）：與外國比較，香港現有設施的最大分別是甚麼？

● 回憶（Remember）：其他全球城市有何設施方便不同身心障礙人士的需要？

● 應用（Apply）：作為全球城市，香港可如何仿效外地的設施，而變得更無障礙？

## ▶ 變奏或其他選擇

● 用 YouTube 觀看東京商場中多功能洗手間的出入情況：⏎youtu.be/qR2u1cAob2s

▶ **準備**

**應用程式**：YouTube、Google 表格（核取方塊格 Checkboxes Grid）

**設置步驟**：用 YouTube 製作 QR 碼，以便參加者用自己的手機開啟觀看

▶ **觀察內容及要點**

1. 每組派一代表，先用 iPad 開啟 Google 表格，按所列標準評鑑剛才考察的設施有多能滿足動物的五大自由權益程度。

2. 參加者輪流用手機開啟以下的 YouTube 影片，觀看不同全球城市的寵物設施，並由一位代表在 iPad 上繼續評鑑其友善程度：

| 全景影片 | 引導要點 |
|---|---|
| 杜拜室內狗公園 ☞ youtu.be/EEDgBdpfxfs <br> | - 較大的走動空間<br>- 不同挑戰的玩具<br>- 飲水設施<br>- 供主人休息的桌椅 |
| 紐約 Union Square 狗公園 ☞ youtu.be/p8dnK-tvdkk <br> | - 較大的走動空間<br>- 較自然的沙地<br>- 供主人休息的桌椅<br>- 圍欄確保寵物不會走失 |

加洲奧克蘭 Cat Town Café  youtu.be/4Bc8JbjxAgU

- 不同挑戰的玩具
- 飲水設施
- 寵物休息的空間

## ▶ 應用示例：主題及討論技巧

**適用時機**：F16. 荃灣區考察寵物公園後，探討其他全球城市的情況：

● 回憶（Remember）：寵物及其主人的使用情況如何？

● 分析（Analyze）：和香港寵物設施最大的分別在甚麼地方？

● 評鑑（Evaluate）：能否達致動物的五大自由權益？

　　□ 免於飢渴的自由：隨時可享有清水及補充體力的食物

　　□ 免於因環境而承受痛苦的自由：提供舒適的居所及棲息處

　　□ 免於痛苦或傷病的自由：盡快診斷及治療

　　□ 表達天性的自由：足夠空間和合適設施並與同類作伴

　　□ 免於恐懼不安的自由：避免精神痛苦的環境及對待方式

● 創造（Create）：香港可參考外國哪些例子，令社區更寵物友善？

## ▶ 變奏或其他選擇

● 用 YouTube VR 體會貓、狗等動物的視野： youtu.be/HqmBa8FPMx8

● 邀請參加者用 Co-Spaces 程式自行建構或改建一個寵物公園，並從中評估是否能滿足動物五大自由的指標。

# V17　伊斯蘭教清真寺

**執行須知**

時間：20 分鐘　　　　　　裝置：手機（BYOD）、VR 眼鏡

▶ **準備**

應用程式：Sites in VR

設置步驟：見理論篇「3.5.3 觀看現成 VR 的應用程式」之二

▶ **觀察內容及要點**

進入 Sites in VR 程式後，開啟 Mosque 或 Religious，參觀世界各地的伊斯蘭宗教場所：

特別值得觀察的景點包括：

| 全景照片 | 引導要點 |
|---|---|
| Masjid al-Haram（麥加—天房） | - 信眾在做甚麼？<br>- 估算有多少信眾？<br>- 天房的宗教地位？ |
| Prophet's Mosque（麥地那） | - 不同場所的用途<br>- 環境佈置的異同 |
| Al-Aqsa Mosque（耶路撒冷） | |

## ▶應用示例：主題及討論技巧

**適用時機**：F17. 葵青區考察少數族裔的宗教場所後，再用 VR 到外國看伊斯蘭教的儀式：

● 回憶（Remember）：看見信眾在戶外做甚麼？

● 理解（Understand）：哪一個場所最令你印象深刻？

● 分析（Analyze）：世界各地不同地方的伊斯蘭宗教儀式有何共通點？

● 應用（Apply）：和剛才考察的葵涌宗教場所有何分別？

## ▶變奏或其他選擇

1. 用 Google 地圖記下 Sites in VR 中各個回教寺的地點，以示世界各地的分佈情況；

2. 用 Google Expeditions 觀看 Sheikh Zayed Grand Mosque、Places of Faith around the World 或 World Religious，進入深入的導賞。

# V18 全球城市的機場

**時間**：20分鐘　　　　**裝置**：手機（BYOD）、VR眼鏡

## ▶ 準備

**應用程式**：Poly Tour Creator

**設置步驟**：見理論篇「3.2 分享 VR（Sharing）」。

## ▶ 觀察內容及要點

1. 開啟以下 Google Poly 的教件：🖱goo.gl/cAUnXu

2. 參加者逐一觀看不同地區的機場，並從中討論全球城市的特性。

| 全景照片 | 引導要點 |
|---|---|
|  | 香港國際機場<br>- 免稅店售賣甚麼類型的貨物？ |
|  | 巴黎戴高樂國際機場<br>有多少個全球品牌？ |

紐約甘迺迪國際機場
有多少個全球品牌？

紐約甘迺迪國際機場
有哪些不同族裔的人在候機？

首爾仁川國際機場
- 找出餐廳能如何照顧不同宗
  教信仰的人

倫敦希思羅國際機場
- 總部設於不同國家／地區的
  航空公司

東京成田國際機場
- 點算找換店有多少國家的貨幣

## ▶ 應用示例：主題及討論技巧

**適用時機**：F18. 離島區考察香港國際機場後，再觀察全球幾個國際機場：

● 回憶（Remember）：虛擬考察了甚麼地方？

● 分析（Analyze）：香港國際機場擁有其他全球城市機場的這些特點嗎？

● 應用（Apply）：擁有甚麼特點才算是一個全球城市？全球化又是怎樣的一回事？

## ▶ 變奏或其他選擇

● 進行 VR 考察時，重做《活用 Apps 探全球》中 F18.3 和 F18.4 的任務。

### 執行須知

| 時間：20分鐘 | 裝置：手機（BYOD）、VR 眼鏡 |
|---|---|

▶ **準備**

應用程式：YouTube

設置步驟：用 YouTube 製作 QR 碼，以便參加者用自己的手機開啟觀看

▶ **觀察內容及要點**

參加者用手機開啟以下的 YouTube 影片，觀看敘利亞及各地難民的情況：

| 全景影片 | 引導要點 |
|---|---|
| 敘利亞 VR 報道 ⌐youtu.be/aTTzKwLPqFw <br> | - 戰區的樓層及住宅的瓦礫<br>- 當地有多少人和車在場<br>- 當地人的自白和感受 |
| 難民 VR 獨立電影 ⌐youtu.be/z9HEGHOk5hM <br> | - 他們如何登岸？<br>- 有多少人登岸？性別和年紀的分佈？<br>- 他們的身體狀況和情緒如何？<br>- 他們的帳篷有何作用？衛生情況如何？ |

## ▶應用示例：主題及討論技巧

**適用時機**：任何與地緣政治或戰爭人道工作有關的主題：

● 回憶（Remember）：你看見甚麼破壞？聽到甚麼聲音？

● 理解（Understand）：你最大的感受是甚麼？你又感受到當地人有何情緒？

● 分析（Analyze）：為何會出現這種情況？

● 應用（Apply）：戰爭帶來甚麼的影響？

● 評鑑（Evaluate）：作為世界公民，你如何評鑑戰爭？對你有何啟發？

## ▶變奏或其他選擇

● 因訪問內容是英文，工作員要因應參加者的英語水平而作即時傳譯；

● 其他影片，但時間較長：

■ 聯合國難民署的紀錄片：🖱youtu.be/XI9A6mQdMCQ

■ 戰爭對兒童的影響（《紐約時報》）：🖱youtu.be/ecavbpCuvkI

● 如果參加者家中有長輩曾逃難來港，也可與他們一起觀看，並分享當時的經歷。